Sonríe desde el Corazón

Swamini Krishnamrita Prana

Mata Amritanandamayi Center, San Ramon
California, Estados Unidos

Sonríe desde el Corazón
por Swamini Krishnamrita Prana

Publicado por:
    Mata Amritanandamayi Center
    P.O. Box 613, San Ramon, CA 94583
    Estados Unidos

–––––––– *Smiling Within – Spanish* ––––––––

Primera edición: abril de 2017

En España: www.amma-spain.org
    fundación@amma-spain.org

In India:
    www.amritapuri.org
    inform@amritapuri.org

Índice

El Amor nació y bajó a la Tierra
con gloria y belleza; un nacimiento muy especial
Caminó entre nosotros con sencillez
disfrazada de ser humano, como tú o como yo

Nos colmó de toda clase de bendiciones
derramando lágrimas por toda la raza humana
Nos contempló con su bello rostro sonriente
acercándonos suavemente hacia su abrazo

Nos colocó tiernamente sobre su pecho
enjugando nuestras lágrimas y
ofreciéndonos descanso
Sujetándonos cerca de Ella y
besando nuestra cara, decía
—Descansa en mi regazo, que es cálido y seguro

Derramó sus lágrimas para
limpiar nuestras manchas
Sufrió y trabajó para eliminar nuestro dolor
Sanó y enseñó y purificó
Oró y cantó y rió y lloró

Caminó entre nosotros y cruzó el mar
Viajó por el mundo llamándonos a ti y a mí
Se engalanó y se puso una corona
Se abrió completamente, y ofreció su corazón

El Amor vino a nosotros para que pudiéramos Ver
Vino compasivamente para liberarnos
La Compasión y el Amor se volvieron sacrificio
y nos dio hasta su vida

Dio y dio, y dio noche y día
Dio y dio, hasta que se dio
del todo.

Capítulo 1

Elegir la felicidad

Un día, un joven león le preguntó a su madre:
—¿Mamá, dónde vive la felicidad?
Su madre le respondió:
—Está en tu cola, hijo.
Entonces, el joven león persiguió su cola sin descanso todo el día, con la esperanza de atrapar un poco de felicidad; pero, después de intentarlo un día entero, no estaba más cerca de la felicidad que cuando había empezado. Cuando se lo contó a su madre, ella sonrió y le dijo:
—Hijo, no hace falta que persigas la felicidad. Mientras sigas caminando y avanzando por el camino correcto, la felicidad estará siempre contigo.

Amma dice a menudo: «La felicidad es una decisión, igual que cualquier otra decisión»; pero, ¿cómo elegimos exactamente la felicidad?

Muchas personas viven llenas de estrés, persiguiendo locamente objetivos y deseos vanos, mientras pierden lo más precioso: la paz en el momento presente. Corremos en círculos todo el día buscando la siguiente emoción, la siguiente distracción, pero parece que nunca encontramos la satisfacción definitiva que siempre estamos anhelando.

Randy Pausch, catedrático de informática y padre de tres hijos, tenía cuarenta y siete años cuando murió de un cáncer de páncreas. Dio su última conferencia unos meses antes de su muerte para un público que abarrotaba la sala, inspirando a personas de todo el mundo a pensar de una forma diferente sobre la muerte.

Sabía que solo le quedaban unos seis meses más de vida, pero dio la conferencia con amor y entusiasmo. Incluso le demostró al público la buena forma en que estaba tirándose al suelo y realizando una serie de flexiones. Quería que todo el mundo supiera que estaba lleno de vida mientras se encontraba en el proceso de morir.

Le confesó al público que, aunque sabía que se estaba muriendo, lo estaba pasando en grande, y que iba a seguir divirtiéndose cada precioso día que le quedara de vida. Contó que vivía con todas sus esperanzas, creencias y sueños. Con su ejemplo enseñó a la gente a vivir plenamente cada día, como si fuera el último, y a morir con gratitud, admiración y entrega.

Pausch inspiró a millones de personas de todo el mundo a reflexionar más profundamente sobre el gozo de la vida y la posibilidad de entregarse a la muerte con dignidad. ¿Qué pasaría si supiéramos que íbamos a morir en unos meses? ¿Qué haríamos con nuestro tiempo? ¿Seríamos capaces de dejar en el mundo un recuerdo risueño de nosotros, como él?

A pesar de que se nos dan tantas cosas, en lugar de vivir con apreciación y gratitud, muchas veces vemos que nos sentimos vacíos y desencantados. Eso sucede porque el deseo y el descontento van de la mano.

Podríamos pensar que la libertad sin restricciones para hacer todo lo que quisiéramos nos llenaría; pero eso no es así. Como Amma nos recuerda tan a menudo: «Hijos, el dolor solo se produce cuando hay deseo».

Amma nos dice: «Aunque el mundo exterior tenga aire acondicionado, la mente no lo tiene. La espiritualidad nos enseña a acondicionar la mente. Amma cree firmemente que eso es lo que necesita la sociedad actual. La mente está constantemente ardiendo en deseos y las personas están buscando locamente la paz y la felicidad, pero no las encuentran. Donde quiera que van solo hay infelicidad, confusión, guerra y violencia».

La paz, por el contrario, solo nos llega cuando nos dedicamos a amar y servir a los demás. La práctica de valores buenos llena nuestras vidas mucho más de lo que jamás podrían hacerlo las comodidades del mundo. Amar y servir a los demás con la actitud correcta es el camino de la paz interior.

También tenemos que tener la comprensión espiritual correcta, o siempre acabaremos decepcionados. Las buenas acciones son imprescindibles, pero no basta con ellas. Hay que esforzarse por hacer buenas acciones reconociendo a la vez la naturaleza siempre cambiante del mundo y no esperando nada a cambio.

Si no nos esforzamos por sembrar semillas de buenas acciones y valores positivos, nos consumirán toda clase de ansiedades. Nuestra mente es indómita y está llena de una multitud inacabable de pensamientos contradictorios, lo que siempre provoca algún grado de sufrimiento. No podemos evitarlo por completo; pero no penséis que debemos hacernos infelices deliberadamente.

Cualquier cosa en la que invirtamos nuestra energía sin duda volverá a nosotros. Vivir desinteresadamente con aceptación y gratitud aporta paz duradera, felicidad y una razón para vivir.

Cuando estábamos en Bangalore, en un programa de dos días, salí a dar un paseo vespertino por el barrio que rodea el áshram. Me encontré con tres niños pequeños que estaban sentados al lado de la carretera, fuera del cobertizo destartalado de la chabola donde debían de vivir. Las paredes estaban hechas de lonas azules desgarradas y por el tejado de hojalata y las ventanas salía humo; su madre debía de estar haciendo la cena.

La familia era sumamente pobre, y parecía un entorno muy insalubre para criar a unos niños; aun así, parecían muy felices. Los niños estaban sentados en el suelo cerca de la carretera, y se partían de risa mientras jugaban con un pequeño juguete de cuerda de plástico.

Yo sabía que debían de tener una vida difícil, constantemente llena de peligros por vivir al lado de la carretera; pero ellos parecían olvidar felizmente dónde se encontraban y, en su lugar, se transportaban a un mundo maravilloso lleno de alegría y de paz. ¿Qué decir de nosotros, que lo tenemos todo y sin embargo estamos insatisfechos?

Algunas personas eligen orientar su mente en una dirección positiva y ser felices, mientras que otras están positivamente contentas de ser infelices. La elección es enteramente nuestra.

Hay una historia sobre una persona que desde pequeña había conocido a Amma. De niña, vivió varios años en Ámritapuri (el áshram de Amma en la India), e incluso en ocasiones hizo peleas de almohadas con Amma y los demás niños en la habitación de Amma.

Cuando llegó a la adolescencia y empezó a ir al instituto, esa niña se volvió muy rebelde. Hacía todo lo contrario a las enseñanzas de Amma, se dejaba llevar por todos los deseos que le venían a la cabeza y no tenía en absoluto en cuenta las consecuencias. Sus padres ya no podían controlarla; se había vuelto completamente salvaje.

Cuando la chica y su familia se preparaban para volver a ver a Amma tras una larga ausencia, ella sintió un profundo remordimiento. Se dio cuenta de que su comportamiento descontrolado no la acercaba a la felicidad sino que, por el contrario, la estaba haciendo desgraciada.

Cuando fue a recibir el darshan de Amma, le invadieron una vergüenza y una culpa profundas. Estaba muy nerviosa de que Amma supiera todo lo que había estado haciendo y estuviera enfadada con ella.

En cambio, Amma la recibió con un abrazo muy fuerte y le susurró al oído:

—¡Mi querida, querida, QUERIDA HIJA!

La chica supo al instante que Amma sabía todo lo que había estado haciendo y que, a pesar de ello, la quería incondicionalmente. Ahora la chica vive en Ámritapuri y ha dedicado su vida a la *seva* (servicio desinteresado).

Amma tiene plena conciencia en todo momento. Todo lo que hace lo realiza con una absoluta conciencia. Es una fuente desbordante de cualidades positivas y las comparte con nosotros en todos los momentos de su vida.

Amma trabaja en muchas más dimensiones de las que podamos imaginar. Para tratar de conectarnos con su frecuencia vibratoria, lo único que tenemos que hacer es elevar nuestra mente un poco más arriba del lugar que normalmente ocupa y abrir el corazón.

Cuando estamos demasiado atrapados por el mundo, perdemos fácilmente de vista la verdadera meta de nuestra vida, que es cultivar el amor y la compasión. Desarrollar la conciencia nos ayuda a mantenernos enfocados en esa meta. Es el primer paso del camino espiritual y acabará llevándonos a los estados más elevados de alegría y bienaventuranza.

La conciencia es uno de los valores espirituales más importantes que se pueden adquirir. Es la base de todas las cualidades buenas y de todas las prácticas espirituales. Todas las demás cualidades positivas y beneficiosas brotan de la raíz de la conciencia. En realidad, el único objetivo de la práctica espiritual es ayudarnos a adquirir conciencia.

Una tarde, cuando Amma se alojaba en el edificio de Ámritapuri que está junto al mar, caminó hasta la zona arenosa que hay al lado de la orilla. En ese momento había muy poca gente por allí, pero una mujer estaba sentada en la arena recitando el árchana (oraciones en sánscrito), concentrada atentamente en los mantras del librito que tenía en las manos. Estaba intentando seriamente practicar la conciencia y enfocada con fijeza en sus oraciones.

Amma se acercó a su lado y echó una pequeña ojeada al libro, pero esa mujer estaba decidida a que nada ni nadie la distrajera. Ignoró completamente a Amma. Era irónico que la misma a La que Le estaba rezando con tanta intensidad se encontrara físicamente presente justo allí a su lado, pero ella ni se diera cuenta. Dejó a Amma completamente fuera de su conciencia.

Eso también nos pasa a nosotros muy a menudo. Rezamos para alcanzar a Dios en la forma más elevada que podamos evocar en nuestra imaginación, pero permanecemos totalmente inconscientes de la verdadera presencia de lo Divino que está siempre con nosotros en todas partes.

Si llenamos nuestra mente de conciencia, viviendo con plena conciencia en el momento presente, seremos capaces de conectarnos con

Amma estemos donde estemos. Amma está totalmente absorta en el aquí y ahora, y por eso puede oír y responder nuestros pensamientos y nuestras plegarias.

Cuando vivimos plenamente conscientes del momento presente, logramos una sensación de paz y ecuanimidad y no queda espacio para que el ego intente colarse dentro diciendo: «Espera un momento; necesito más espacio». Lo siento: cuando estamos en plena conciencia no hay lugar para el ego. El ego no puede vivir en la mente al mismo tiempo que la conciencia. Quedará totalmente desplazado por la plenitud de un estado consciente.

El cultivo de la conciencia exterior es esencial para mantener la conciencia interior. Es la cualidad más importante por la que podemos luchar. Amma nos dice: «A la luz de la conciencia se ve todo como realmente es». La conciencia nos lleva a la devoción, a la fe y, por último, a la comprensión de que solo existe Dios.

El Dios al que rezamos permanece con nosotros disfrazado todo el tiempo, escondido detrás de cada persona y cada objeto que nos encontramos; pero hace falta una cantidad enorme de conciencia para abrir los ojos y el corazón a la simple verdad de que la Divinidad y el amor están absolutamente en todas partes.

Si podemos adquirir conciencia, la felicidad que siempre estamos buscando burbujeará espontáneamente y nos encontraremos sonriendo siempre por dentro.

Capítulo 2

Enseñanzas prácticas

*«En el minuto en que oí mi
primera Historia de Amor,
empecé a buscarte,
sin saber que eran palos de ciego.
Finalmente, los amantes
no se encuentran en ningún lugar.
Están el uno en el otro
todo el tiempo».*

Jalaluddín Rumí

Amma ha dicho muchas veces que un buscador espiritual debe adquirir *shraddha* (conciencia), *bhakti* (devoción) y *vishwásam* (fe), en ese orden.

La primera vez que oímos esto, a menudo nos sentimos confusos, pero Ella ha explicado que solo adquiriendo conciencia la devoción puede desarrollarse de manera autentica y florecer en una fe firme, perfecta e inalterable.

La shraddha nos proporcionará devoción real, que nos llevará a una verdadera fe. Cada una de estas cualidades nos lleva fluidamente a la siguiente. Hay que seguir ese orden, porque de lo contrario la devoción que experimentemos se basará en nuestros sentimientos exteriores. Esa fe es como el viento: irá y vendrá.

Amma pone un ejemplo muy gráfico para intentar ayudarnos a entenderlo: si una pelota llega rodando a la carretera por la que vamos conduciendo, debemos ser conscientes de que casi seguro después vendrá un niño corriendo detrás de la pelota, por lo que tenemos que tener cuidado y conducir más despacio para evitar un accidente.

Incluso después de oír a Amma describir el proceso de shraddha, bhakti y vishwásam varias veces, todavía mi mente no tenía muy claro por qué debíamos seguir ese proceso. Entonces, un día, todo se aclaró por completo.

Era uno de esos días en los que había tenido varios incidentes ligeramente desagradables con algunos de los residentes del áshram; pero al final estaba muy agradecida porque me habían enseñado la importante necesidad de adquirir

primero shraddha. Todas las situaciones produ-
cen algún beneficio, si somos capaces de abrir la
mente para comprenderlo.

Una tarde, mientras estábamos de gira por
el Sur de la India, estaba esperando a Amma
para volver a su habitación desde la azotea de
un edificio en la que había estado sirviendo una
cena de *prasad* (alimento bendecido).

Por lo general, no me gusta agolparme alrededor de Amma si no es necesario, ya que siempre hay mucha gente que quiere estar a su lado;
pero siempre me aseguro de estar presente si
hay escaleras para ayudarla a subir o bajar. Todo
el mundo quiere apiñarse alrededor de Amma
y recibir una de sus miradas, pero no piensan
que Ella pueda saltarse un escalón o tropezar
por estar concentrada en darles la atención que
buscan (lo que ya ha pasado varias veces).

Esa noche, una residente se situó en el camino por donde Amma iba a bajar las escaleras.
Pensando en la seguridad de Amma, le dije a la
chica que podía acabar chocándome con ella al
pasar ayudándole a Amma a bajar las escaleras
(porque estaba en medio del camino). No me

atreví a pedirle que se moviera porque sabía el carácter que tenía.

Se mantuvo callada, pero, justo antes de que llegara Amma, se inclinó hacia mí y me dijo:

—Ella es MI Madre.

Lo hizo en un tono que daba a entender que me mataría si me atrevía a impedirla tener la oportunidad de tocar a Amma cuando pasara. Estaba un poco sorprendida, porque la gente suele ser respetuosa con los sannyasins; pero no cuando se trata de acercarse físicamente a Amma.

Reflexionando, comprendí diáfanamente por qué Amma siempre dice que tenemos que tener primero shraddha, antes que bhakti. Por fin entendí más claramente su afirmación y me puse muy contenta por esa repentina comprensión.

Mucha gente se enamora de Amma y se apega mucho a Ella, pero no le importa nadie más. A veces, a las personas nuevas les resulta muy difícil entender el comportamiento desquiciado que se produce alrededor de Amma, porque las personas pueden empezar a actuar como animales salvajes cuando intentan acercarse a Ella.

A Amma le encanta que tengamos el aban-
dono natural que tenían las *gopis* (las lecheras
de Vrindavan) en su amor supremo por Shri
Krishna; pero también tenían un grado muy
elevado de inocencia en su devoción… una
inocencia que no encontramos muy a menudo
en este *Kali Yuga* (la era del vicio). Las gopis lo
olvidaban todo en la búsqueda de Shri Krishna.

Hay que tener shraddha para ver cuáles son
el comportamiento y la actitud correctos que
hacen falta para moverse en diferentes circunstancias. A menudo, nuestro amor se ha vuelto
tan calculador que muchas veces está mucho
más cerca del egoísmo que de la pureza del amor
que podríamos obtener si primero adquirimos
shraddha.

Shraddha, la conciencia, tiene un significado
mucho más amplio de lo que a menudo entendemos. También puede significar confianza,
fe, creencia y aceptación. Además, shraddha
describe la manera en la que realizamos nuestras acciones. Decir que tenemos shraddha, o
conciencia, en nuestras acciones significa que
actuamos cuidadosamente, con vigilancia y
sinceridad.

Shraddha nos lleva a la comprensión de que todo lo que hay en el universo se manifiesta para enseñarnos algo bueno, y que todo brota de la misma Conciencia Suprema. En última instancia, shraddha nos llevará al conocimiento de que Dios está absolutamente en todas partes; pero hace falta una cantidad enorme de concentración para enfocarse tan exclusivamente en Dios.

Cultivando la conciencia exterior es como llegamos a la conciencia interior de lo Divino. Por lo tanto, debemos intentar deliberadamente ser cada vez más conscientes en todas nuestras acciones. Tenemos que cultivar nuestra conciencia de manera práctica, para saber cómo actuar en el momento adecuado y de la manera adecuada.

Un año, mientras nos dirigíamos en coche hacia la entrada del auditorio del programa de Mannheim, en Alemania, una de las chicas estaba tan entusiasmada por la llegada de Amma que empezó a abrir la puerta de Amma antes de que hubiéramos parado. Me asusté. Agarré a Amma por el brazo, por si la devota sin darse cuenta la tiraba del vehículo en marcha.

La devoción entusiasta es buena, pero debe nacer de una base adecuada de discernimiento.

Esa chica estuvo a punto de hacer que Amma se cayera del coche, en su «elevado estado de devoción».

Si es nuestra verdadera naturaleza, ¿por qué nos resuelta tan difícil ser plenamente conscientes? Creo que vivir mecánicamente se ha convertido en un hábito porque hemos pasado muy poco tiempo desarrollando la refinada cualidad de la verdadera conciencia. Nos resulta sumamente difícil mantenernos en un autentico estado de conciencia durante mucho tiempo porque tenemos la costumbre de ir por la vida como sonámbulos, sin concentrarnos plenamente.

En un día de darshan en Ámritapuri, Amma le dio a una de las devotas un puñado de *prasad* (alimento bendecido) para distribuirlo entre todos. La devota estaba tan ocupada con otras cosas que sin pensarlo se lo metió todo en la boca.

Amma se volvió hacia ella y le preguntó:

—¿Dónde está el prasad?

La mujer estaba avergonzada y solo la miraba fijamente sin hablar. (Probablemente no podría haber respondido aunque hubiera querido: tenía la boca demasiado llena). Al final, Amma se echó a reír juguetonamente porque podía ver que la mujer estaba completamente horrorizada.

Vivir sin conciencia es un mal hábito muy sutil y hemos pasado por alto por completo la gran importancia que tiene el luchar por superarlo. Estamos acostumbrados a limitarnos a «seguir la corriente» sin comprometernos profundamente en el momento presente. Por esa razón, a menudo nos parece imposible concentrarnos profundamente durante mucho tiempo.

Podemos gastar toda nuestra existencia en aventuras imaginarias, llevados por las alas de la mente, sin vivir ni un momento en el momento presente, donde deberíamos estar. Una de las cosas más difíciles en la espiritualidad es permanecer simplemente en el momento presente.

Hace unos años me invitaron a ir a Azhikil (pronunciado «Arikil»), un pueblo vecino del áshram, para encender la lámpara para las mujeres que estaban empezando unos cursos de confección. Siempre solía ponerme nerviosa por hacer el *árati* (adoración ritual), porque me resulta difícil hacer sonar la campana con una mano mientras muevo el plato de alcanfor en la dirección contraria con la otra mano. Todo me tiembla: la túnica, las manos y las rodillas. Todo lo que hay… menos la dichosa campana.

Cuando llegó el momento propicio para el árati, se suponía que tenía que encender la lámpara de aceite primero y después hacer el árati; pero la ansiedad hizo que me olvidara de la lámpara e hiciera directamente el árati. Estaba encantada de que ya hubiera terminado, hasta que alguien se inclinó sobre mí y me susurró:

—Te has olvidado de encender la lámpara…

Por supuesto, un equipo de filmación grabó toda la ceremonia, lo que únicamente aumentó mi bochorno.

Bromeé sobre el incidente en el camino de vuelta a casa diciendo:

—Así es como lo hacemos en Australia… porque, como vivimos en la otra punta, todo es al revés.

Sigue siendo uno de los (muchos) momentos más bochornosos de mi vida.

Actualmente estoy mucho más en el momento presente y, si tengo que hacer el árati, intento no pensar en ello. En lugar de pensar, planificar y preocuparme, me limito a vivir en el presente. Las cosas siempre funcionan mucho mejor de esa manera… aunque sigo siendo la peor tañedora de campaña del mundo.

Cultivar verdadera «conciencia» suena bastante fácil. Pensamos que lo único que tenemos que hacer es concentrarnos un poco más intensamente; pero en realidad es mucho más difícil de lo que parece.

La conciencia atenta ayuda a que nuestro conocimiento fluya en la dirección correcta, hacia donde debe fluir, en lugar de revolotear por todo el universo en mil direcciones diferentes, llevándonos a mundos imaginarios y situaciones soñadas en las que no deberíamos estar. Si nos esforzamos deliberadamente por cultivar la conciencia de manera práctica, nuestro conocimiento fluirá suavemente cuando lo necesitemos de verdad, en los momentos oportunos y en las situaciones correctas.

Hay que sujetar la mente con perseverancia y recordarle que sería mejor ser más consciente del verdadero Ser interior. *Eso* es quienes somos realmente, pero nos resulta muy difícil desconectarnos de la cháchara mental de nuestra mente (que lleva en marcha toda nuestra vida) y entender que no somos todas las cosas que pensamos que somos.

Un día estábamos en un aeropuerto cuando un niño pequeño que estaba sentado al lado de Amma empezó a contarle una visita que había hecho a casa de su tía. Ella le había dado chapattis con ghi, y habían sido muy amables. Me incliné hacia él y le susurré:

—¿Solo puedes pensar en eso mientras estás sentado al lado de la Madre Divina?

El niño me contestó:

—No, también estoy pensando en chapattis con ghi y miel.

La mayoría de nosotros vivimos medio ciegos, ignorando el verdadero potencial de lo que podemos conseguir en este nacimiento humano. Cuando seamos capaces de abrir los ojos y ver la majestad de la creación de Dios en toda su gloria, conoceremos la felicidad verdadera y permanente.

Capítulo 3

Cultivar la conciencia

*«Moldea tu vida como una guirnalda
de acciones hermosas».*

El Buda

Todos estamos en el camino espiritual, lo sepamos o no, creamos en Dios o no. Nuestro nacimiento humano nos brinda la oportunidad de iniciar un proceso para transformarnos en algo superior. La propia evolución nos está guiando por el camino de la espiritualidad.

La adquisición de shraddha bajo la forma de conciencia nos impulsa en el camino espiritual hacia la meta de lograr vivir en paz. Hasta a los que piensan que no están en absoluto interesados en la espiritualidad, un poco más de conciencia sin duda les va a ayudar en cualquier cosa que decidan hacer. La conciencia es necesaria en todos los aspectos de la vida, no solo en la espiritualidad. Hasta un ladrón necesita tener plena conciencia si quiere ganarse la vida.

Una vez una devota perdió un estuche de lápices y estaba segura de que había sido Amma la que se lo había llevado y lo había escondido. Otra chica le dijo:

—No, Amma solo hace cosas buenas. Lo que ha perdido tu estuche ha sido tu falta de shraddha.

La primera chica contestó:

—No, yo nunca pierdo nada. Seguro que ha sido Amma la que se lo ha llevado. Lo mismo pasó una vez que me tropecé con una cama. Sé que fue Amma la que movió la cama y la puso en medio, porque estoy segura de que antes no estaba allí. ¡Yo nunca me tropiezo con nada!

¡Que terca es la cabeza! Siempre está echándole la culpa a los demás —y a Amma— de todos nuestros errores.

Hace falta una cantidad enorme de conciencia para planificar cualquier cosa alrededor de Amma, ya que siempre intervienen una multitud de factores que complican la situación; pero Amma siempre está dispuesta a guiarnos y dirigirnos cuando nuestros esfuerzos no han sido suficientemente concienzudos.

Hace unos años en Penang (Malasia) preparamos cuidadosamente el camino de Amma para salir del escenario al final del programa… o eso pensábamos. Cuando se levantó, después de haber dado darshan a miles de personas, retiramos el *pítham* (una tarima elevada) hacia atrás para que tuviera espacio para irse.

Una tremenda multitud de gente había estado esperando fuera para ver a Amma. Habían llegado tarde y se habían quedado fuera porque hubo que cerrar las puertas del estadio para contener la enorme muchedumbre que ya había dentro.

Cuando Amma oyó que aún había fuera más personas desesperadas esperando su darshan, pidió que se abrieran las puertas y se les permitiera entrar. Nunca quiere rechazar a nadie. Ya era por la tarde, y Amma había estado recibiendo a la multitud, sin comer ni descansar, desde la noche anterior. Se sentó directamente en el suelo, al borde del escenario, y siguió dando darshan toda la tarde hasta que hubo abrazado a todas y cada una de las personas.

Cuando revisé el camino que se había preparado para la salida de Amma al lado del escenario, encontré en el suelo un clavo que sobresalía desde la alfombra. Lo retiré horrorizada preguntándome que más podía pasar y revisamos de nuevo la zona con mucho cuidado. Cuando Amma finalmente terminó de dar el darshan, en lugar de volver por el camino que habíamos planificado para Ella, salió por el lado opuesto del escenario y lo rodeó por detrás, todo ello con los pies descalzos.

Nadie había ni pensado en revisar el otro lado del escenario por si hubieran cristales rotos o clavos oxidados. Eso es justo lo que pasa con Amma: por mucho que nos preparemos, siempre nos pilla en cualquier falta de atención momentánea cuando menos lo esperamos.

Amma siempre nos mantiene alertas porque sabe que la compasión crece sobre la base de la conciencia. Sin conciencia, no son posibles ni la verdadera comprensión ni el amor puro. Cuando examinamos la vida de Amma, vemos que Su conciencia del sufrimiento humano La llevó directamente al florecimiento de Su profunda compasión y Su infinita paciencia.

Amma escucha todos los días a muchas personas enfermas que Le hablan de sus problemas de corazón, problemas de riñón, diabetes y otras graves enfermedades. Personas de todos los ámbitos de la sociedad sufren y son incapaces de afrontarlo por una u otra razón. Ese sufrimiento se debe a menudo a la falta de alimento, dinero o atención sanitaria básica.

Por eso Amma es tan meticulosa enseñando a todos a utilizar las cosas adecuadamente sin desperdiciar nada. Sabe que podemos ayudar a muchas más personas siendo cuidadosos con los recursos que nos han sido confiados.

Amma dice medio de broma que tiene que hacerles un examen a todos los *brahmacharis* (discípulos célibes) que hacen las obras de construcción del áshram, haciendo hospitales, colegios o casas para los pobres.

Durante estos exámenes de construcción, les pregunta:

—¿Cuántos ladrillos harán falta para construir estos metros cuadrados? ¿Cuántos sacos de cemento harán falta para construir aquella superficie?

Amma conoce las respuestas con exactitud porque a lo largo de los años ha resuelto esos detalles para cada aspecto del desarrollo.

Al principio, todos acaban suspendiendo el examen, porque nunca se han preocupado de examinar profundamente todas las complejidades de su trabajo; pero la guía y las directrices de Amma les ayudan a adquirir un nivel único de conciencia en diferentes áreas de la vida que uno normalmente no habría imaginado estarían relacionados con la espiritualidad.

Amma nos muestra que *todo* está relacionado y nos enseña que hay que poner conciencia en todas nuestras acciones diarias. Debemos aprenderlo absolutamente todo sobre cualquier tema del que nos ocupemos. A veces, nuestro ser limitado puede rebelarse, diciéndonos que la tarea que se nos ha encomendado no tiene nada que ver con la espiritualidad; pero, aun así, debemos perseverar.

Amma nunca ve una cosa como espiritual y otra como inferior y más mundana. Conoce la verdadera naturaleza de todo y ve bondad en todas partes. Su único pensamiento es: «¿Cómo puedo ayudar a los necesitados?» Es una corriente de amor que afronta todas las complejidades y dificultades de la vida. Nos enseña a gestionar correctamente todo lo que nos encontramos sin pasar por alto ningún mínimo detalle importante.

Para el programa Amritavársham del quincuagésimo cumpleaños de Amma, los voluntarios a cargo de los suministros de cocina querían comprar cuatro millones de platos de papel para servir la comida de los cuatro días de celebración, lo que hubiera originado una montaña de basura y, a unos cinco céntimos de euro por plato, habría costado una fortuna.

Amma les pidió a los voluntarios que compraran platos de acero. Al final del programa, los platos se repartieron por los diferentes ashrams para reutilizarlos. Esa inversión ayudó al medio ambiente y también ahorró una enorme cantidad de dinero, que después se aprovechó para ayudar a los pobres.

Amma siempre es capaz de señalar la mejor manera de realizar nuestras tareas con el mayor esmero y el menor despilfarro. Sencillamente, nosotros no tenemos la profundidad de conciencia necesaria para pensar y planificar como Ella.

Por el contrario, hay mucha gente que prefiere seguir el camino caro y fácil.

Amma intenta enseñarnos sin descanso esta cualidad de la conciencia. Sabe que la conciencia es lo que transformará nuestro conocimiento en sabiduría pura. El pozo de la espiritualidad brota de refinar, desarrollar y canalizar la sumamente íntima facultad de la conciencia.

Hace muchos años, a una de las hermanas de Amma le dieron una pulsera de oro macizo para su hijo pequeño. Un día, mientras la hermana se preparaba para ir a la ciudad, Amma se dio cuenta de que el niño llevaba puesta la pulsera. Dijo que, si el niño salía con la pulsera puesta, la perdería.

Su hermana no le hizo caso y se marchó con el niño a tomar el autobús. Justo en el momento en que se montaban, se dio cuenta de que el niño ya no tenía la pulsera en la muñeca. Estaba tremendamente disgustada y volvió sobre sus pasos esperando encontrar la pulsera de oro, pero no la encontró por ningún lado.

Cuando entró en casa, casi se le saltaban las lágrimas. Ni siquiera había comunicado las malas noticias cuando Amma dijo:

—De cualquier manera, has perdido la pulsera, así que, ¿por qué lloras ahora?

Su hermana recordó entonces la advertencia de Amma y se dio cuenta de que debía haberle hecho caso.

Nos veremos arrojados a infinidad de situaciones diferentes a medida que vayamos abriéndonos paso por el laberinto de la vida; pero, aun así, tenemos que aferrarnos a un objetivo para no perder de vista para qué estamos realmente aquí. A la luz de ese objetivo descubriremos que las cosas externas, que solían darnos tanto gozo y tanto dolor, naturalmente caen por sí mismas. Adquirir conciencia nos ayudará a avanzar muchos pasos en el camino espiritual y conseguir una vida más apacible.

Hay una niña que lleva su muñeca de Amma a todas partes. Por medio de la muñeca, Amma le está enseñando muchas cosas diferentes sobre la vida, la compasión y la forma de estar con las personas.

Un día, esa niña estaba hablando conmigo, diciéndome que su muñeca estaba echando una siesta dentro de su jersey. Le pregunté por qué tenía tanto sueño Amma (Amma rara vez se echa una cabezada). La niña respondió que Amma duerme muy poco… que siempre tiene los ojos abiertos porque no puede dejar de amar. Estos niños pequeños, con su inocencia, a veces entienden a Amma mucho más profundamente que bastantes de nosotros.

Con conciencia y discernimiento podemos bajar de la mente al corazón. Si podemos hacer eso, descubriremos que en realidad no hemos «bajado» de la mente, nos hemos «elevado», escapando de las garras de la negatividad, a un estado mucho más elevado y cómodo.

Purifica la mente y descubrirás que, mires donde mires, verás lo Divino brillando por todas partes, en todas las cosas. Cuando Dios te lleva al borde del abismo, confía en Ella y abandónate: o te agarrará o te enseñará a volar.

Capítulo 4

El arte de la entrega

*«Me sentía desanimado respecto a la vida
y al amor. Entonces, conocí a una mujer
llamada Ammachi y me devolvió la sonrisa.
La oscuridad no puede competir con Ella».*

Jim Carrey

Una trama compleja del plan cósmico inter-
conecta todo lo que hay en esta dimensión con
otras dimensiones y otras vidas anteriores. Ese
plan es complicado, fascinante y abrumadora-
mente impresionante. Todo está en su lugar pre-
cisa y perfectamente, pero siempre de la manera
que menos podemos esperar.

Aunque no podamos ni por asomo comprender el gran alcance del plan cósmico, tenemos
que tratar de mantener la conciencia de que todo
es la voluntad divina. Solo cuando tenemos esta
conciencia podemos vislumbrar la verdadera

naturaleza de todo y discernir la manera de desenvolvernos correctamente en ello. Esa comprensión nos dará paz.

En una ocasión, en Coimbatore, durante una gira por el Sur de la India, la electricidad se cortaba todo el tiempo y todo el mundo estaba sumamente preocupado porque en la habitación de Amma no había luz. Dentro de su habitación, Amma estaba sentada felizmente con una lámpara de aceite que iluminaba suavemente la oscuridad. No estaba en absoluto preocupada por la falta de electricidad. Comentó lo agradable que era el suave resplandor de la lámpara y cómo le recordaba a cuando era niña. Aceptó lo que le sucedió y se adaptó alegremente.

Todos los demás estaban nerviosos porque Amma pudiera estar incómoda, pero Ella no piensa de esa manera. Amma siempre saca lo mejor de cada situación. Tenemos que esforzarnos por aceptar todo en la vida con una actitud positiva. Nos pase lo que nos pase, no es por error. Solo tenemos que hacer lo mejor que seamos capaces en todas las situaciones, ya que nunca podemos entender completamente las complejidades del plan cósmico.

Amma transforma todo lo que hacemos en práctica espiritual. Hay mucha gente que quiere viajar con Ella, por lo que planificar las giras con grupos tan grandes requiere un discernimiento, un esfuerzo y una conciencia tremendos. Es difícil prever los problemas sutiles que pueden estar latentes escondidos en algún lugar; pero Amma es la guía perfecta.

En julio de 2011 estábamos en Tokio para un programa. Era solo unos meses después del terremoto más grande que hubiera sufrido Japón, al que inmediatamente siguió un tsunami muy fuerte. Estos desastres naturales gemelos causaron una destrucción inimaginable. Varios reactores nucleares resultaron dañados y emitieron radiaciones tóxicas. Miles de personas murieron y un profundo temor recorrió Japón y se propagó por todo el mundo.

Cientos de miles de personas fueron evacuadas y comunidades de todo el mundo se preocuparon por la inminente amenaza del veneno radiactivo. La reacción de Amma fue justo la opuesta: quiso visitar las zonas afectadas para consolar a la gente de esos lugares. Entendía muy bien el estado traumático en que se encontraban.

Todo el mundo intentó advertir a Amma de que el nivel de radiación en esas zonas sería peligrosamente alto, pero eso no la amedrentó. Solo prohibió que ningún niño la acompañara y dijo que solo aquellos que verdaderamente quisieran ir deberían viajar con Ella. Naturalmente, todos eligieron ir.

Amma hizo que unos devotos investigaran cuál era la manera más rápida de viajar a la zona afectada, porque en las giras con Amma no hay mucho tiempo libre. Siempre planifica los programas para el día siguiente al viaje, a veces incluso para el mismo día. Era esencial que no perdiéramos nada de tiempo para que Ella no faltara a ninguno de los programas previstos con anterioridad. A Amma no le interesa reservar tiempo para descansar, al contrario de lo que la mayoría de nosotros deseamos.

En Tokio tenían que haber varios días de programas con menos de un día después para viajar a la siguiente ciudad, Osaka, antes de empezar los programas de allí. Cincuenta personas querían viajar con Amma, así que vimos que la manera más rápida y económica de viajar esa distancia tan larga era en autocaravana, después en minibús y después en tren.

Amma siempre tiene cuidado de no desperdiciar tiempo o dinero mientras viaja por todo el mundo. Ha visto a demasiadas personas sufriendo por unas pocas rupias. Ella nos enseña a gestionar con conciencia todos los aspectos de la planificación, buscando el método más sencillo, fácil y directo para ahorrar tiempo y recursos.

Con ese cuidado minucioso podemos dedicar lo que se ahorra al servicio y las obras benéficas, con el fin de ayudar a los que tienen mucho menos que nosotros. Esa planificación meticulosa nos ayuda a cultivar una actitud mental de verdadera conciencia.

Mientras nos apresurábamos hacia el lugar del tsunami, nuestra conciencia era puesta a prueba. Tomamos un «tren bala» muy rápido y teníamos que cambiar de tren en el viaje. Nos advirtieron que habría muy poco tiempo para llegar al siguiente tren.

Un japonés que era uno de los organizadores tuvo la gran suerte de poder sentarse al lado de Amma durante el primer trayecto de tren. Tuvo la oportunidad de hacerle algunas preguntas. Yo tuve la suerte de poder oír también las respuestas.

El hombre le preguntó a Amma sobre sus problemas personales y cómo debía afrontarlos mientras vivía y trabajaba en el mundo de los negocios. Amma le respondió con estas palabras sencillas pero profundas:

—La conciencia y la entrega son exactamente lo mismo. La cualidad de la conciencia y la cualidad de la entrega solo son las dos caras de la misma moneda. Tienes que aprender a entregarte ante cualquier cosa que te suceda en la vida, sea lo que sea. Pensamos que entregarse es muy difícil. La gente cree que va a ser realmente difícil: «¿Cómo voy a ser capaz de entregarme?». Pero, si lo intentas de verdad, descubrirás que al fin y al cabo no es tan difícil.

Ese hombre recibió ese pequeño e inspirador sátsang en ese primer recorrido en tren. Yo estaba pensando en lo afortunado que era de tener algo tan profundo sobre lo que reflexionar como la conciencia y la entrega.

Cuando llegó el momento de que todos nos cambiáramos al siguiente tren, ese hombre intentó encontrar a todos, porque éramos un grupo grande viajando juntos. Se quedó con mi billete y con el de Amma. Iba guiándonos, y nuestro gran grupo lo seguía de cerca.

Cuando Amma va a cualquier lugar, a todo el mundo le encanta intentar ir lo más cerca posible de Ella y, a menos que tenga que estar con Amma, no intento quedarme justo a su lado. A menudo estoy contenta quedándome en la parte de atrás del grupo, por lo que en esta ocasión llegué justo al final de toda la fila de devotos.

Me subí al tren con todos y acabé en el último vagón. Como sabía que podía ir andando por los vagones hasta la parte delantera, donde estaba Amma, eso fue lo que empecé a hacer. Pero el pobre hombre que llevaba mi billete no me vio e, inocentemente, pensó: «Oh, Swamini Amma no es muy lista. ¡Quizá haya perdido el tren!» Preocupado de que me hubiera perdido, regresó al andén a buscarme.

Entonces, de repente, el tren empezó a moverse. Yo estaba a salvo a bordo, pero ese hombre pensó que era mejor quedarse a esperarme, por si hubiera perdido el tren y me encontrara abandonada en un lugar desconocido. Lo sentí muchísimo por él, porque yo tenía la culpa por no haber venido antes; pero también pensé que él tenía que haberse dado cuenta de que era suficientemente inteligente para subirme al tren. No estaba dispuesta a quedarme abandonada en un país extranjero.

Cuando el tren se puso en marcha, ese pobre hombre se quedó en el andén, pero al menos tenía nuestros billetes para que le sirvieran de consuelo, y un bello sátsang sobre «la conciencia» y «la entrega» para reflexionar y hacerle compañía. Recibió una buenísima oportunidad de practicar la entrega justo después de recibir su sátsang, y afortunadamente pudo montarse muy poco después en el siguiente tren.

Amma sabe que mucha gente se asusta enormemente al oír la palabra «entrega». Piensan que significa que tendrán que vaciar los monederos, deshacerse de todo lo que poseen y convertirse en mendigos; pero eso no es lo que significa. Entregarse significa aceptar todo lo que nos llega con la actitud correcta.

Como la palabra «entrega» le da tanto miedo a la gente, Amma nos aconseja que no la utilicemos con los que aún no estén preparados para entender todo su significado. En vez de ella, debemos utilizar la palabra «conciencia», ya que en realidad son lo mismo.

Amma nos puede dar las enseñanzas más profundas, pero tenemos que aprender a digerirlas y a ponerlas en práctica en nuestra vida, no solo almacenarlas en la polvorienta biblioteca de información espiritual que guardamos en la cabeza.

No hace falta sentarse a meditar o realizar rituales especiales para dedicarse a la práctica espiritual. El mero examen de los aspectos prácticos de la vida puede ser algo profundamente espiritual. Simplemente manteniendo la conciencia mientras nos movemos por el mundo es una de las prácticas mayores y más profundas que jamás podamos realizar.

Capítulo 5

La sabiduría del guru

«Un escritor llegó a un monasterio
para escribir un libro sobre el Maestro.
—La gente dice que eres un genio.
¿Lo eres? —preguntó.
—Se podría decir que sí —dijo el
Maestro, sin demasiada modestia.
—¿Y qué hace que uno sea un genio?
—La capacidad de reconocer.
—¿De reconocer qué?
—La mariposa en la oruga;
el águila en el huevo;
el santo en un ser humano egoísta».

Anthony de Mello S.J.

Amma dice que vivir permanentemente en un estado de entrega total *es* el conocimiento de Dios; pero, ¿quién de nosotros puede decir que vive así? Amma sabe que ninguno de nosotros tiene una entrega plena y completa. De hecho, en lo que yo puedo ver, solo Amma está verdaderamente entregada. Ella se entrega a nosotros, y a todos nuestros pequeños deseos, cada día.

A menudo los devotos le ruegan a Amma que les deje realizar la ceremonia de lavarle los pies y embellecerla con adornos al estilo tradicional. Amma puede rechazar la propuesta varias veces porque en realidad no quiere que se La adore de esa manera; pero los devotos siguen insistiendo y finalmente Amma cede y se lo permite, solamente por su compasión y su afán de complacer sus deseos y que estén contentos.

Se supone que la ceremonia de lavar los pies es un símbolo de la absoluta entrega del devoto al guru y siempre se realiza al final de un programa muy largo de darshan. Muy poca gente piensa en las largas horas que Amma lleva sentada, sin levantarse ni para estirar las piernas. Entonces esperan que siga sentada aún más tiempo para que ellos puedan realizar una ceremonia de «entrega» al final del programa.

Por supuesto, es Amma la que se acaba entregando al permitirles a regañadientes realizar la ceremonia. A menudo pienso en Ella como una «esclava del amor». Todo el tiempo se entrega humildemente a nuestros deseos.

Muchos de nosotros nos aprovechamos sin darnos cuenta del deseo de servir de Amma. Debemos intentar poner a Amma en la posición de nuestra maestra, en lugar de convertirla en nuestra esclava; pero los anhelos impulsivos que hay en nosotros son tan fuertes que a menudo insistiremos en conseguir que las cosas se hagan a nuestra manera, intentando satisfacer nuestros interminables deseos.

Todavía estamos caminando penosamente por el camino de la verdadera libertad. Queremos llegar allí, pero la mayoría de nosotros tomamos la ruta lenta de los turistas, parándonos a ver y disfrutar de todas las vistas y las atracciones del camino. A veces, puede ser muy divertido estar perdido en *maya* (el engaño), intentando de todo para saborear la felicidad eterna y la verdadera satisfacción que siempre ansiamos; pero, al final, aparecerá un gran agujero por donde se irá toda la diversión.

De vez en cuando nos perdemos durante horas, días o incluso años, yendo a la deriva por el mundo de fantasía de las pesadillas vivientes que surgen cuando dejamos que la mente corra sin control. Inventamos toda clase de situaciones absurdas a partir de nuestros pensamientos y emociones incontrolados.

En la gira de Estados Unidos, solemos hacer noche en Nueva Jersey la noche anterior al programa de Nueva York. Un año, varias personas que estaban viajando con nosotros, entre ellas un niño pequeño, fueron en un coche aparte desde Nueva Jersey hasta el pabellón donde se haría el programa. Era un viaje bastante largo y todo el mundo estaba cansado.

El niño se quedó dormido en el coche y se despertó cuando pasaban por Chinatown. Se despertó dando un respingo y se aterrorizó.

—¡Oh, no! ¡Te has equivocado de camino! ¡Teníamos que ir al programa de Nueva York y hemos acabado en China!

En su mente el coche había tomado la dirección equivocada, y estaba realmente preocupado creyendo que había recorrido medio mundo.

Los otros pasajeros del coche le tomaron el pelo siguiéndole la corriente:

—Sí, tienes razón. Tomamos un desvío equivocado y ahora estamos en China. ¿Qué vamos a hacer?

Cuando finalmente llegaron al programa —lo que llevó mucho tiempo, porque de China a nueva York hay un largo viaje— el niño corrió hacia su madre y exclamó:

—¡Me llevaron a China! ¡Hemos tenido que ir a China para llegar aquí!

Podemos reírnos del inocente error del niño, pero, ¿somos nosotros realmente diferentes? Muy a menudo creamos fantasías en nuestra mente, normalmente más intensas y mucho menos inocentes que tan solo pensar que nos encontramos en el país equivocado. ¿Qué mundos estamos creando?

Todos los días se nos ofrecen oportunidades que vienen directamente de lo Divino, hechas a nuestra medida para enseñarnos la entrega; pero desgraciadamente no solemos reconocerlas como lo que verdaderamente son: «mensajes del Amado». El juego de la mente siempre interviene, coloreando nuestra visión, buscando una manera de manipular todas las situaciones en su propio beneficio.

Por ejemplo, si tenemos la suerte de oír a Amma darle algún consejo a alguien que está cerca, nuestra mente puede decir: «Bueno, Amma no me estaba hablando a mí directamente. Estaba hablando con esa otra persona. Ese consejo era solo para ella». La mente siempre quiere evitar que la adiestren y dará la vuelta a todas las situaciones para encontrar la vía de escape más cercana.

Es prácticamente imposible deshacernos del ego por nosotros mismos; y, si pudiéramos, reconoceríamos la cara de la Divinidad brillando en todas y cada una de las experiencias de nuestra vida. Entonces también nosotros podríamos encarnar la completa entrega que tanto nos atrae en Amma.

Amma siempre acepta el fluir de la vida con todas sus pequeñas e inoportunas sorpresas. Como un río, encuentra la manera de fluir suave y dignamente alrededor de cualquier dificultad que se presente, porque sabe que las rocas y todos los demás obstáculos forman parte del río divino de la vida.

Cuando tengo la oportunidad de estar cerca de Amma en las giras por Occidente, a veces me olvido de su omnisciencia e intento enseñarle cosas sobre el mundo. Por ejemplo, cuando me siento al lado de Amma en el avión, Ella puede hacer algo poco común como agarrar un panecillo, partir un trozo, meterlo en el vaso de agua y después comérselo. O, si hay un sobrecito de mantequilla o de margarina, puede agarrarlo, abrirlo y tomar solo un poco con una cuchara.

En esos casos, tiendo a decir algo como:

—Amma, ¿sabes cómo lo hacemos nosotros? Tomamos así el pan, lo untamos con mantequilla así y después lo comemos de esta manera. Así es como lo hacen los occidentales, Amma.

—Oh, ¿de verdad? — responde Amma con entusiasmo, como si acabara de transmitirle una información valiosísima. Siempre me escucha con paciencia y humildemente cuando intento enseñarle algo sobre el mundo.

Una vez tomó un bombón y, con un cuchillito de mantequilla, cortó la parte superior. Con mucho cuidado vació el interior cremoso y empezó a untarlo en el pan, justo como yo le había enseñado… más o menos.

Una vez, en el aeropuerto, alguien le regaló a Amma un paquetito. Más tarde, cuando estábamos sentadas en el avión, Amma abrió el paquete. Dentro había un panecillo. Partió un trozo y se puso a comerlo. Nos dio un poco a mí y a otra persona que estaba sentada al lado. Nos dijo:

—Esto es pan de tapioca.

Después de probarlo, la otra persona no estaba de acuerdo, e insistía en que no era pan de tapioca, sino pan de queso. Amma no cedió:

—¡Es tapioca!

Realmente sabía como la tapioca de Kérala, pero la otra persona seguía discrepando.

De repente recordé la historia tradicional de Árjuna y Shri Krishna. Shri Krishna y su amado discípulo Árjuna había salido y estaban caminando por el bosque. Shri Krishna vio un pájaro en lo alto de un árbol y le dijo a Árjuna:

—Mira Árjuna, en ese árbol hay un bonito pájaro. Me pregunto qué clase de pájaro será. Creo que es un búho. ¿Tú que piensas, Árjuna?

Árjuna, sin volver a mirar el pájaro, respondió:

—Sí, mi Señor. Creo que tienes razón. Es un búho.

Shri Krishna pensó un momento y después se corrigió, diciendo:

—No puede ser un búho; solo salen por la noche. Debe de ser un halcón, ¿no crees, Árjuna?

Una vez más, Árjuna, sin siquiera mirar el pájaro, resepondió:

—Sí, tienes razón. Es un halcón.

Shri Krishna cambió de opinión varias veces más y cada vez dijo que el pájaro era de una especie distinta. Árjuna no discutió con Él; se limitó a estar de acuerdo todas las veces.

Por fin, Shri Krishna le preguntó:

—Árjuna, ¿es que no tienes tu propia opinión? ¿Por qué siempre estás de acuerdo conmigo?

Árjuna respondió:

—Mi Señor, tengo que estar de acuerdo contigo porque sé que tienes el poder de convertir un búho en un halcón e incluso un águila en un cisne. Todo es tu juego divino.

Recordándole esta historia a la otra persona, le dije:

—Si Amma dice que es tapioca, entonces es pan de tapioca.

Podemos tratar de luchar contra Amma sin querer entregarnos, pero no es una buena idea. Algunas personas pueden discutir con Ella, diciéndole:

—Amma, es de esta manera, no de aquella…

Amma escuchará pacientemente mientras insisten e insisten, sin querer cambiar de idea, hasta que al final Ella es la que cede.

Amma pone el ejemplo de dos camiones que se encuentran frente a frente en una carretera de un solo carril. Si ambos están intentando ir hacia adelante y ninguno está dispuesto a dar marcha atrás y ceder el paso, ninguno de los dos podrá llegar a ninguna parte. Ambos se quedarán atascados. Uno de ellos tiene que rendirse para que ambos puedan seguir hacia adelante.

Si quieres ganar una discusión con Amma, Ella está completamente dispuesta a perder. En muchas ocasiones ha dicho:

—No me importa perder contigo.

El problema es que, si Amma pierde, ¿quién es el que gana realmente? No vamos a ser nosotros.

Si queremos llevarle la contraria al guru, al final seremos nosotros los que perdamos.

La entrega al guru es la victoria más grande. No tenemos nada que perder excepto nuestras tendencias negativas y la basura que llevamos dentro.

Amma no tiene nada que perder. Vive en un mundo en el que nunca se La puede perturbar. Somos nosotros los que sufrimos por el terrible caos que hay dentro de nuestra mente. Tenemos que estar dispuestos a reconocer la derrota y, con Su gracia, soltarnos de la presa de nuestro ego y liberarnos de las cadenas que nos atan. Solo entonces seremos verdaderos vencedores.

Capítulo 6

Todo es divino

*«Todas las adversidades que he tenido
en la vida, todos los problemas, me han
fortalecido… Puedes no darte cuenta cuando
sucede, pero una patada en los dientes
puede ser lo mejor del mundo para ti».*

Walt Disney

Aprender a entregarse es una de las cosas más difíciles que podemos hacer en la vida. No debería ser así, pero lo cierto es que a menudo lo es.

La entrega verdadera y completa es un proceso muy, muy profundo que la mayoría de nosotros solo puede esperar llegar a lograr algún día. Afortunadamente, con Amma encontramos más inspiración para entregarnos que la que podríamos encontrar en cualquier otro lugar del mundo. Pero, si no aprendes ahora, no te preocupes: simplemente volverás una y otra y otra vez, hasta que lo consigas.

Amma, que es la gracia que nos salva, ha prometido renacer reiteradamente para llevarnos a la meta del conocimiento de Dios. Sin duda, mantendrá su promesa. Si pudiéramos intentar entregarnos en todas las oportunidades, aparentemente pequeñas, que se nos presentaran, por lo menos estaríamos adquiriendo una buena práctica. Solo podemos aspirar a hacerlo lo mejor posible.

Las giras por India con Amma son una gran ocasión para practicar el arte de la entrega. Podemos oír:

—Sube al coche… bájate del coche… sube al autobús… baja del autobús…

Eso puede suceder cinco o seis veces antes de haber ido a ninguna parte. Llegados a ese punto, a menudo los viajeros piensan: «¿Qué es lo que está pasando aquí…?» Pero a veces es bueno para nosotros limitarnos a obedecer y confiar en que alguien sabe qué es lo que está pasando realmente.

Cuando alguien viene por primera vez a la India, suele estar dispuesto a cuestionarlo todo:

—Sube al autobús.

—¿Por qué?

—Baja del autobús.

—¿Por qué?

Por supuesto, nadie te va a dar una respuesta lógica, aunque siempre haya alguna, así que mejor deja de preguntar. En algún lugar hay una buena razón oculta. De verdad que la hay.

Detrás de todo lo que pasa hay una razón con un sentido, aunque podamos tardar mucho tiempo en entender por qué las cosas se desarrollan de la manera que lo hacen. A veces solo es el Divino Amado probándonos para ver cuánta fe y entrega tenemos de verdad.

En una ocasión, un devoto me contó su experiencia en una gira que hicimos por Singapur, Malasia, Isla Reunión, Mauricio y Kenia. Cariñosamente, la llamamos «la Gira Traumática por el Trópico», por el insoportable calor y humedad que hizo en todos los lugares donde estuvimos. Después de esa gira por el extranjero, volvimos a Cochín, donde hacía tanto calor y humedad como habíamos pasado en el extranjero. Parecía que no podíamos librarnos del calor en ningún lugar. Estábamos ardiendo tanto por dentro como por fuera.

Ese devoto quería huir del calor y de la intensidad de la gira volviendo al áshram. Ámritapuri parecía un oasis en el desierto. Estaba agotado por la temperatura constantemente alta, la intensidad de los programas y los interminables desplazamientos. Solo quería volver al áshram, encerrarse en su habitación, relajarse bajo un ventilador fresco y esconderse tranquilamente de todo el mundo y de todas las cosas.

Oyó que había un autobús que partía de vuelta a Ámritapuri justo antes de que se acabara el programa de Cochín. Le entusiasmaba la idea de huir cómodamente del resto de la agotadora gira del Sur de la India que quedaba.

A primera hora de la mañana tomó el equipaje, se acercó al autobús y le preguntó al conductor:

—¿Ámritapuri?

El conductor dijo «sí» con la cabeza, de modo que el agotado devoto se subió y en seguida se durmió.

El conductor debía haber entendido mal lo que el hombre le había dicho (o este entendió mal el gesto de la cabeza del conductor). Lo siguiente que este devoto vio al despertarse amodorrado después de unas horas de sueño fue el horizonte de Pálakkad... la siguiente etapa de la gira. Se sintió estupefacto, decepcionado y un poco enfadado, pero finalmente se dio cuenta de que simplemente, ese era el plan divino y tenía que entregarse a él.

A veces, cuando de verdad queremos escapar y nos esforzamos por conseguirlo, descubrimos que no podemos hacerlo en absoluto. Nuestro destino nos sigue allí donde vamos. Todos vamos a tener que aprender a entregarnos en algún momento. ¿Por qué no empezar ahora?

Ese hombre se dio cuenta de que había una lección importante en la situación en la que se encontraba, y accedió a dejarse llevar por la corriente sin poner reparos. Acabó terminando el mes entero de gira porque entendió que era lo mejor.

Dios tendrá siempre la última palabra, independientemente de lo que nosotros hayamos planeado o decidido. De alguna manera, la naturaleza, la gente y todos los aspectos de la vida colaboran de una u otra manera para obligarnos a entregarnos a la voluntad divina. Si no es ahora, será más adelante en nuestro camino: la misma situación que intentamos eludir se presentará de nuevo. Se presentará una y otra vez hasta que aprendamos a afrontar nuestros retos con la actitud correcta y a aceptar las consecuencias de nuestras acciones.

Cuando todo parezca estar en contra de nosotros y la vida quiera obligarnos a ir en una dirección que no nos gusta, intentemos entender que nos están arrinconando en una esquina para que aprendamos una lección importante. Si nos resistimos, la misma situación volverá a nosotros muchas veces de muchas maneras diferentes. No hay escapatoria.

Hace unos años, Amma quería traer a su madre, Damayanti Amma, para que estuviera cerca de Ella en el áshram. Quería ocuparse de cerca del bienestar de su madre en su vejez.

Una noche, cuando volvíamos de los bhajans, Amma se volvió hacia mí y me preguntó:

—¿Tienes otro lugar para almacenar tus cosas de trabajo?

Estaba utilizando como almacén la habitación que estaba justo debajo de la casa de Amma.

—No —respondí. Solo tenía un almacén; que, por cierto, había sido la primera sala de meditación del áshram.

Amma volvió a preguntarme:

—¿No tienes ningún otro lugar que puedas utilizar para guardar todas tus cosas? ¿No puedes ponerlas en ningún otro sitio?

No entendía por qué Amma me estaba preguntando eso por segunda vez y, sin pensar, volví a responder:

—No Amma, no lo tengo.

Pacientemente, Amma lo intentó otra vez y me volvió a hacer la misma pregunta. Supongo que pensó que quizá si me preguntaba por tercera vez tendría suerte y yo sería lo suficientemente espabilada para entender lo que quería decir; pero, desgraciadamente, no fue así.

Por fin, me explicó amplia y detalladamente que estaba pensando convertir mi almacén en una habitación para que su madre se instalara en ella. Me sentí un poco avergonzada por no haberla entendido y que Amma hubiera tenido que insistir tres veces para que le cediera mi almacén.

Cuando lo hube entendido, rápidamente respondí:

—Claro, claro, Amma. Puedes quedarte con el almacén. Encontraré algún otro sitio para almacenar las cosas. Solo tardaré dos días en sacarlo todo.

Después de eso, Amma no dijo nada más.

Más tarde, esa noche, alguien vino a decirme que mis cosas tenían que estar fuera del almacén para las ocho de la mañana, porque Amma quería utilizar la habitación para su madre y tenían que hacer algunos cambios.

Me sentí mal porque mi involuntaria falta de entrega me había impedido entender realmente la situación. Amma tuvo que preguntarme tres veces antes de que yo comprendiera realmente la situación y le ofreciera la habitación.

Si tenemos amor por Amma e intentamos entregarnos, eso es suficiente aunque no seamos capaces de entregarnos completamente. El mero deseo de entregarnos nos aportará algún beneficio. Cambiará los patrones de pensamiento que hemos construido en la mente y, al final, la gracia empezará a fluir hacia nosotros. Sé que esta ha sido la experiencia de mi vida.

Cuando estamos afrontando una situación muy exigente puede resultar dificilísimo entregarse. No es fácil, pero hay que recordar que siempre recibimos justo lo que necesitamos, y las cosas que nos pasan siempre son lo mejor para nosotros.

Amma entiende lo que necesitamos. Sabe cómo ayudarnos a alcanzar la meta; no hay que tener ninguna duda al respecto; pero puede no resultarnos siempre tan fácil recordar esta verdad cuando las nubes oscuras del dolor y de la confusión cubren la luz de nuestro discernimiento.

Hay una historia sobre Bhishma, que era un gran guerrero en la epopeya del Mahabhárata. Había llevado una vida notablemente buena y noble. Al final, cuando yacía moribundo en el campo de batalla, Shri Krishna hizo un lecho de flechas en el suelo para que se recostara sobre ellas.

Mirando fijamente el cielo, Bhishma se preguntó:

—¿Por qué tengo que sufrir de esta manera? Siempre he intentado llevar una vida virtuosa y pura.

Reflexionó sobre todas sus vidas pasadas para intentar entender lo que había hecho mal y que le hacía sufrir tanto, y dijo:

—He revisado setenta y tres vidas anteriores mías diferentes, intentando encontrar la razón de este sufrimiento, y no veo nada que debiera causarme tanto dolor.

No podía comprender por qué se le obligaba a pasar por una cantidad tan enorme de sufrimiento cuando había tratado de vivir tan piadosa y honradamente.

Shri Krishna le respondió dulcemente:

—En estos setenta y tres nacimientos, no; pero, si miras un poco más atrás, la vida setenta y cuatro, verás que un día en el bosque, mientras cazabas, heriste cruelmente a un insecto y lo diseccionaste intencionadamente. Por eso, una pobre criatura padeció un sufrimiento innecesario en tus manos. Esa es la razón por la que tú también tienes que sufrir, aunque sea tantas vidas más tarde. Solamente puedes eliminar el resto de tu karma (la ley de causa y efecto) si te atraviesan las flechas sobre las que estás tumbado.

No podemos entender nada de las complejidades del karma. Desde nuestro punto de vista limitado, nuestro sufrimiento nos puede parecer incomprensible; pero hay que entender que en la vida no hay errores. Cada acción que realizamos tendrá una reacción que surgirá de ella. Todo nos está pasando según el complejo y siempre perfecto plan cósmico.

Todo lo que esté destinado a pasarnos, nos pasará, por muy grande que sea el berrinche que nos dé, por mucho que pataleemos, gritemos o maldigamos. Hay que aceptar lo que nos pase, sea lo que sea; no hay otra opción. En lugar de quejarnos, ¿por qué no conocer la paz que se experimenta cuando nos entregamos y lo aceptamos todo con elegancia?

Capítulo 7

La fuerza de un león

«Simula que eres la persona que quieres ser. Un día te darás cuenta de que ya no estás simulando».

Autor desconocido

Una vez alguien me preguntó:

—¿Cuándo me debo entregar y cuándo debo ser como un león? ¿Puede un león entregarse sin convertirse en una oveja?

Amma dice que somos leones, no ovejas; sin embargo, cuando hay voces feroces rugiendo a nuestro alrededor, unas cuantas voces suaves, como de ovejas, pueden suponer un cambio agradable. Pero Amma dice que tenemos que ser valientes. Verdaderamente hace falta tener la fuerza de un león para entregarse en todas las situaciones. Estoy segura de que podemos llegar a ser leones valientes y compasivos que utilizan el discernimiento.

Amma siempre nos está diciendo: «No sois corderitos. Sois cachorros de león, y en vuestro interior tenéis un potencial infinito que permanece sin explotar».

Ella nos lo sigue recordando, pero nos negamos a creerlo del todo.

Llevamos en nuestro interior una fuente inagotable de energía a dondequiera que vayamos. Esa fuerza es escurridiza y a menudo nos cuesta mucho entrar en contacto con ella; pero eso no significa que no esté ahí. La fuerza es nuestra verdadera naturaleza. Debemos reflexionar sobre esta verdad y esforzarnos por emparnos de ella.

Aunque en la vida se nos presenten situaciones difíciles, no debemos darnos por vencidos cuando las cosas se pongan mal. En lugar de eso, debemos seguir adelante. El haber nacido en esta vida siempre nos traerá retos sin fin, y estamos aquí para hacerles frente. La vida espiritual no es para los débiles de corazón. Tenemos que convertirnos en guerreros espirituales valientes.

Cuando oigo a Amma recordarnos eso, pienso: «Oh, no, me he equivocado de profesión». Pero de alguna manera, con cierta gallardía, me las voy arreglando. Amma siempre nos da la fuerza que necesitamos, si se la pedimos.

Hay muchas maneras diferentes de llegar a ser fuerte. A veces la fuerza se manifiesta como una presencia silenciosa solo con sentarnos y escuchar. Nuestra presencia callada y tranquila suele ser más fuerte y más valiente que todas las voces agresivas que oímos gritando y rugiendo a nuestro alrededor.

Tenemos que aprender a ser verdaderamente nosotros mismos. No mirar a nuestro alrededor a los demás y tener envidia de ellos. Cuando brillamos tal como somos, invitamos a otros a brillar también de su propia manera especial.

Cuenta una historia que una mañana un rey entró en su jardín y lo encontró todo marchito y moribundo. Al lado de la verja había un viejo roble. El rey le preguntó qué problema tenía. El roble le dijo que estaba harto de la vida y había decidido morir porque no era alto y hermoso como el pino; pero el pino estaba abatido porque no daba uvas como la vid. La vid quería marchitarse y desaparecer porque no era capaz de mantenerse erguida y dar una fruta tan fina como el melocotonero. Hasta entre las plantas con flores, el geranio estaba disgustado porque no era alto y fragante como el lilo, y así sucesivamente el jardín entero.

Cuando llegó a una pequeña margarita, el rey se sorprendió gratamente al encontrar su brillante cara levantada, tan alegre como siempre.

—Bueno, margarita, me alegro de encontrar por lo menos una florecilla valiente en medio de todo este desánimo. No pareces estar en absoluto descorazonada.

La margarita respondió:

—Aunque no soy gran cosa, estoy contenta porque sabía que, si hubieras querido un roble, o un pino, o un melocotonero, o un lilo, lo habrías plantado. Sabía que querías una margarita, así que estoy decidida a ser la mejor margarita que pueda.

Tenemos que aprender a ser quienes verdaderamente somos con todo nuestro potencial. Amma sigue alentándonos a que afrontemos nuestro destino, recordándonos que es la confianza en nosotros mismos —la confianza en nuestro Verdadero Ser— lo que nos permitirá hacerlo. La confianza en uno mismo es el filtro que elimina todos los temores.

El miedo es muy difícil de controlar porque surge involuntariamente. Aunque utilicemos el discernimiento y nos digamos «no hay nada que temer», todavía puede aparecer. En esos casos, lo único que podemos hacer es inspirar profundamente, recurrir a nuestra autoconfianza y seguir adelante. Con práctica, acabaremos descubriendo que podemos superar cualquier situación.

Incluso a Amma se le seca la boca a veces cuando va dar un discurso importante, aunque por dentro nunca tiene miedo de absolutamente nada. En determinadas ocasiones, la boca simplemente se queda seca.

Hace unos años, después del estreno de la película «Darshan», invitaron a Amma a una gala de premios en Paris en la que tenía que pronunciar un discurso. Justo antes de hablar, se le secó un poco la boca. Sharon Stone, una actriz estadounidense que la estaba acompañando, se preocupó mucho por la boca seca de Amma. Amma estaba cómoda con la situación, pero Sharon fue a por una botella de agua.

Yo no estaba con Amma en ese momento; estaba traduciendo su discurso al inglés al fondo de la sala. Creo que le llevaron el agua en una botella de refresco en la que habían puesto una pajita. Todos los que estamos cerca de Amma sabemos que nunca bebe con una paja, pero nos asombró ver que Amma agarró la botella y bebió con la pajita. A todo el mundo le divirtió y aplaudió.

Levanté la vista de la traducción y pensé: «Oh, no ¿qué está pasando? ¡Amma nunca se para a beber en medio de una charla!». Pero esa vez sí que lo hizo, porque era lo que había que hacer en esa situación. Le ofrecieron algo para beber y lo aceptó con agradecimiento, lo que encantó a todos.

Más adelante, cuando se estaba editando el vídeo de la charla, el equipo cortó la escena de la paja. Cuando le mostraron el video a Amma, preguntó:

—¿Dónde está la parte en la que bebo? Ponedla otra vez.

Estábamos completamente asombrados de que pidiera que esa parte apareciera en el video. No se avergonzaba en absoluto de ello. Sacó el mejor partido de la insólita situación y se rió con todos.

A menudo tenemos mucho miedo porque pensamos que los demás nos van a criticar o a humillar; pero, como nos recuerda Amma tan delicadamente: «Todos somos cuentas ensartadas en el mismo hilo».

El miedo y la vergüenza solo son elementos del ego que surgen involuntariamente. Siempre están ahí sutilmente, lo que dificulta deshacerse completamente de ellos. Pero tenemos que ser valientes, seguir adelante y afrontar con fortaleza todas las situaciones.

El dolor es inevitable, pero el sufrimiento depende completamente de nosotros. En todas las situaciones, el sufrimiento es una elección. Si hacemos lo correcto en el momento correcto, descubriremos que los retos de la vida siempre terminan bien.

La mayoría de nosotros conocemos la importancia de la entrega, pero nuestra falta de paciencia nos impide conseguir tenerla en una cantidad apreciable. Si podemos recordar que hay mucho que aprender en todas las situaciones y que el camino hacia la entrega dura toda la vida, algún día alcanzaremos la meta.

Esforcémonos por ver que cada pequeña situación que se nos presenta es una prueba del guru, o de lo Divino, destinada a enseñarnos algo importante. En una ocasión, Amma ha admitido abiertamente: «Os estoy poniendo a prueba en todas las situaciones». Si lo creyéramos plenamente, la entrega sería mucho más fácil y nunca tendríamos miedo. Lo veríamos todo de la manera correcta, positivamente, y la conciencia llenaría todas nuestras acciones.

En una gira europea de hace unos años, dos niños disfrutaban sentándose como «aprendices» con el médico del equipo cuando la gente venía a verle como pacientes. Repetían todo lo que el médico hacía y a menudo se les podía ver con el estetoscopio comprobando los latidos del corazón de la gente.

Una devota fue para una consulta y, en cuanto entró, uno de los niños le dio una píldora. Ella se enfadó y regañó al niño:

—No, no puedes hacer eso. ¡No le puedes dar a la gente píldoras así!

Más adelante descubrió que las píldoras que le había dado el niño eran justo la medicina que necesitaba.

La mayoría de nosotros siempre encontramos algo de lo que quejarnos. Escuchamos el lado negativo de nuestra mente demasiado a menudo. De hecho, a menudo es el consejero en el que más confiamos. Pero, si podemos aprender a entregarnos, seremos capaces de verlo todo como si viniera de Dios. Esa actitud sin duda nos llevará a la meta. (Sin embargo, por imprescindible que sea la entrega, sigue sin ser aconsejable aceptar los consejos médicos de niños sin preparación).

Parece extraño que la entrega nos resulte tan difícil, con lo bien que se siente uno cuando realmente es capaz de practicarla. Cuando somos capaces de soltar y aceptar gozosamente cualquier cosa que se nos cruza en el camino, es como experimentar la paz del cielo.

Todo lo que experimentamos en la vida es un mensaje del Amado, es la gracia que viene a fundir todas nuestras negatividades. De todas formas, hace falta una conciencia tremenda para aferrarse a la entrega en los momentos difíciles. La aceptación de todo lo que nos venga, con la actitud correcta, nos llevará al umbral del cono-cimiento de Dios.

Capítulo 8

El mayor tesoro de la vida

«Si estás deprimido, estás viviendo en el pasado.
Si estás ansioso, estás viviendo en el futuro.
Si estás en paz, estás viviendo en el presente».

Lao Tse

No debería ser tan difícil tomar la decisión de ser feliz. Entonces, ¿por qué no podemos? Lo único que hay que hacer es aceptar con gratitud lo que nos pasa y adaptar nuestra actitud a ello. Si pudiéramos aceptar sinceramente los obstáculos que se nos presentan en lugar de esperar que el mundo se dé la vuelta para adaptarse a nuestros deseos, encontraríamos fácilmente la felicidad que tan a menudo se nos escapa.

Dos tenistas galardonadas estaban hablando. Una de ellas le contó a la otra la lección más importante que jamás hubiera aprendido. En una ocasión en que había estado quejándose sobre lo mal que las pelotas de tenis estaban botando en la superficie de la pista, una amiga que también era una gran campeona le replicó:

—El que estés tan negativa con eso no va a cambiar la manera en que botan las pelotas. Los campeones sencillamente se adaptan.

Llegar a ser un campeón exige una cantidad extraordinaria de esfuerzo personal, perseverancia y disciplina. Cuando aprendamos a sacar lo mejor de las situaciones difíciles a las que nos enfrentamos en la vida, nosotros también nos convertiremos en los campeones que queremos ser. Pero la mayoría de nosotros no estamos dispuestos a hacer el esfuerzo y tener la disciplina necesarios para controlar los pensamientos, las emociones y las acciones.

En teoría, lo único que tenemos que hacer es adaptarnos todo lo que podamos a las circunstancias que se nos presenten y elegir estar satisfechos pase lo que pase… ¿suena fácil, verdad?

Alguien le dijo a Amma:

—Amma, ¿por qué no puedes convertir el *Kali Yuga* (la la Edad del Vicio) en el *Satya Yuga* (la Edad de Oro)?

Amma replicó:

—Es difícil. Es mejor que cada uno haga sus propios cambios. Es mejor ponerse zapatos en lugar de intentar enmoquetar el mundo entero.

Nuestras vidas van a estar siempre llenas de obstáculos. Es mejor aceptarlo, tragarnos el ego y decidir estar felices de todas formas. Si recordamos que todo lo que estamos experimentando en la vida es una bendición, aunque a veces venga con un disfraz feo y horripilante, todo nos resultará mucho más fácil.

Amma se pone a nuestra disposición para ayudarnos a superar las dificultades, dándonos perlas de sabiduría que nos ayudan a orientarnos en los misterios de la vida. Ella gasta todo su cuerpo dando darshan casi todos los días para garantizar que se atiende a todos los que acudan a Ella.

Amma intenta asegurarse de que todos pasen algún tiempo en persona con Ella cuando realmente lo necesiten, aunque haya miles de personas solicitando su atención. Amma se sacrifica incesantemente para elevarnos a nosotros; pero, ¿podemos decir sinceramente que estamos utilizando bien lo que nos ofrece?

Una señora mayor del Norte de la India con dos hijos sordos acudió a Amma para pedirle que los curara. Amma le dijo que rezaría por ellos y le dio dos platanitos como prasad. La mujer se negó a comer el prasad porque no le gustan los plátanos.

Allí estaba, pidiendo que curaran a su familia pero negándose a aceptar la bendición que Amma le daba. Pedimos muchas cosas, pero no queremos escuchar; nos negamos a aceptar humildemente las instrucciones que se nos dan.

Debemos intentar asimilar las enseñanzas de Amma en nuestras vidas. Todos quieren oír hablar a Amma. Todos quieren acercarse a Ella y tocarla; pero, ¿queremos de verdad seguir sus enseñanzas? Si es así, tenemos que esforzarnos por ponerlas en práctica.

Recientemente, durante un programa en Chennái, estábamos sentados en el escenario cuando un olor fétido llegó flotando por el aire de la tarde del cercano aseo de los hombres. Algunos intentaron quemar incienso para ocultar la pestilencia. Yo me pregunté si alguien habría pensado en ir a limpiar el aseo en lugar de intentar inútilmente ocultar el olor.

Me di cuenta de que la solución rápida que esos devotos eligieron era en realidad una analogía muy buena del modo en que conducimos nuestra vida. Nos limitamos a saturarlo todo de perfume en lugar de limpiarnos y purificarnos por dentro. Nos bañamos y nos frotamos el cuerpo, nos ponemos desodorante y nos perfumamos muy bien para que nadie descubra nuestra verdadera naturaleza. Vamos por ahí con el cuerpo y la mente podridos, llenos de basura, pensando equivocadamente que hemos engañado a todos, incluso a Dios.

Amma nos lo ofrece todo. Nos da todo el conocimiento, la gracia, la dicha y el amor que necesitamos. Nos muestra un ejemplo práctico de cómo hay que vivir mediante las acciones de su propia vida; pero tenemos que ser capaces de asimilar correctamente esos regalos para beneficiarnos de ellos.

Tenemos que adoptar las medidas necesarias para actuar según las lecciones que se nos han dado. No podemos seguir simplemente acumulando informaciones en la cabeza. También hay que ponerlas en práctica.

La reverenda Crystal Boyd escribió un bonito ensayo cuando estaba pasando por un momento muy difícil de su vida. Envió sus inspiradoras palabras a sus amigos en un correo electrónico. Los animó tanto que lo reenviaron a otras personas, y acabó viajando por todo el mundo, influyendo en millones de vidas mientras viajaba y viajaba.

Escribió:

«Tu vida siempre estará llena de retos. Es mejor reconocerlo y decidir ser feliz de todas formas. Una de mis citas favoritas es esta de Alfred D. Souza: "Durante mucho tiempo me había parecido que la vida estaba a punto de empezar, la verdadera vida; pero siempre había algún obstáculo en el camino, algo que superar antes, algún asunto sin terminar, tiempo que pasar o una deuda que pagar. Después la vida empezaría. Al final caí en la cuenta de que esos obstáculos eran mi vida".

Esta perspectiva me ha ayudado a ver que no hay un camino hacia la felicidad. La felicidad es el camino. Así que aprecia cada momento que tienes y valóralo aún más si lo has compartido con alguna persona, lo suficientemente especial como para pasar el tiempo con ella… y recuerda que el tiempo no espera a nadie.

Así que deja de esperar hasta que termines la escuela, hasta que vuelvas a la escuela, hasta que adelgaces cinco kilos, hasta que engordes cinco kilos, hasta que tengas hijos, hasta que tus hijos se independicen, hasta que empieces a trabajar, hasta que te jubiles, hasta que te cases, hasta que te divorcies, hasta el viernes por la noche, hasta el domingo por la mañana, hasta que tengas un coche o una casa nuevos, hasta que tu coche o tu casa estén pagados, hasta la primavera, hasta el verano, hasta el otoño, hasta el invierno, hasta que estés fuera de la prestación social, hasta el día uno o el día quince, hasta que salga tu canción, hasta que hayas tomado un trago, hasta que vuelvas a estar sobrio, hasta que te mueras, hasta que nazcas de nuevo... para decidir que no hay mejor momento que ahora mismo para ser feliz.

La felicidad es un viaje, no un destino».

Siempre que alguien le trae a Amma una planta o una verdura que han cultivado ellos mismos, su cara se ilumina de entusiasmo. Algunas personas pueden mirar el pequeño regalo verde y pensar con cinismo: «¡Si solo es una verdura!»; pero Amma sabe que el gozo procede de la forma en que utilizamos la mente. A Ella le encantan los sentimientos de amor y respeto que inspiran a una persona para hacer el esfuerzo de cultivar esa planta o esa verdura. Incluso si alguien solo ha comprado una planta para regalársela, Amma reconoce el amor con el que le han dado ese regalo.

Ella tiene entusiasmo y una actitud positiva ante todo. Amma es un ejemplo perfecto de cómo hay que recibir cualquier cosa en la vida. No importa si solo es una verdura. Cualquier cosa puede darnos alegría si la vemos con la actitud correcta.

Hay que recordar que cualquier cosa que experimentemos es la voluntad de Dios, y Dios solo es amor. Solo hay que «mirar con los ojos del amor» para ver la verdadera naturaleza de todas las cosas. Cada patatita, cada tomate cherry y cada hoja de espinaca es una manifestación gloriosa del amor de Dios. Amma ve el mundo de esa manera y nos enseña a verlo también de esa manera.

Hay una cita estupenda de Melody Beattie para reflexionar: «La gratitud pone al descubierto la plenitud de la vida. Convierte lo que tenemos en suficiente y más que suficiente. Convierte la negación en aceptación, el caos en orden y la confusión en claridad. Puede convertir una comida en una fiesta, una casa en un hogar, a un desconocido en un amigo. La gratitud le da sentido a nuestro pasado, trae la paz al presente y crea una visión para el futuro».

Cuando viajamos con Amma, vemos a personas que tienen una riqueza tremenda: millones de dólares, puestos de poder; pero, aun así, nunca están contentos. Por el contrario, parece que los más felices de todos a menudo son los que tienen muy pocas riquezas materiales. Las heridas más profundas de tristeza y de vacío a veces las tienen los que poseen las mayores cuentas bancarias. Cuando vemos a personas que son felices con muy poco, nos dan un profundo ejemplo.

Hay una viuda que viene con cierta frecuencia desde un pueblo lejano a ver a Amma. Tiene dos hijos que está criando sola. Solo tienen una vaca, pero con la leche de esa única vaca son capaces de ganarse la vida.

Aunque disponen de escasos recursos, se esfuerzan por hacer el viaje para visitar el áshram cada dos semanas. Están satisfechos y nunca se han quejado a Amma de absolutamente ningún problema en todos los años que hace que los conoce. Siempre están contentos.

El contraste entre lo que tienen los pobres y los ricos puede ser absolutamente pasmoso; pero el verdadero valor de la vida no se mide en dinero, sino en la paz mental y el gozo en el corazón. La verdadera felicidad viene de la manera en la que utilizamos la mente. Una mente en paz y feliz es nuestra única verdadera riqueza.

Para convertirnos en campeones espirituales, tenemos que aprender a utilizar adecuadamente la mente. Si aprendemos a controlar los pensamientos y a modificar nuestra actitud en los momentos difíciles, apartando la mente de la negatividad y llevándola hacia un camino más elevado que va hacia la paz, podemos convertirnos en auténticos campeones que disfrutan de la dicha y la libertad. Ser capaces de sonreír cuando llevamos una carga de problemas sobre los hombros es la bendición más grande de la vida y el tesoro más precioso.

Capítulo 9

Llevar nuestras cargas

El apóstol Pablo, privado de todas las comodidades, escribió estas palabras mientras estaba en el calabozo: «He aprendido, sea cual sea mi situación, a contentarme con ella».

Filipenses 4:11

Todo el mundo sufre de una u otra forma. Algunas personas sufren solo de manera pequeña, fastidiosa, mientras que otras llevan una pesada carga de dolor durante toda su vida. Solo cuando aprendamos a controlar los pensamientos y las emociones y nos esforcemos por vivir por un ideal más elevado, alcanzaremos la meta de la vida.

Algunas personas están físicamente discapacitadas, pero Amma dice que la mente es nuestra verdadera discapacidad. Si pudiéramos aprender a aquietar los pensamientos y las emociones, hallaríamos la libertad completa del sufrimiento.

Muchas personas eligen inconscientemente llevar sus cargas porque no han aprendido ni siquiera los métodos más sencillos para controlar la mente. No tienen ni ideales ni un verdadero objetivo por el que luchar en la vida. Al contrario de lo que se suele decir, la ignorancia no da la felicidad sino que es la raíz de un sufrimiento incalculable.

Una historieta estupenda que vi un día sirve de ejemplo para una idea muy importante. En ella había un grupo de personas caminando por una carretera que arrastraban pesadas cruces de madera sobre los hombros.

Una persona pidió:

—Oh, Dios, esta cruz es demasiado pesada para mi. Por favor, córtale un trozo y haz que mi carga sea más ligera. Para mí es demasiado difícil de soportar.

Así que Dios cortó un trozo de la cruz.

Todos caminaban fatigosamente con sus cruces. Agotado, el mismo hombre volvió a rezar:

—Oh, Dios, todavía es demasiado pesada para mí. Córtale un poco más, Señor, por favor.

Así que Dios cortó un poco más, y el hombre siguió tambaleándose. Unos pasos más adelante gritó:

—¡Oh, Dios por favor, haz que esta carga sea más ligera para mí!

Por tercera vez, Dios cortó un trozo más de la cruz, dejándola ya bastante corta y fácil de llevar.

Todos caminaron un poco más hasta que se encontraron con una gran grieta con una profunda hendidura en medio. De hecho, las cruces en realidad estaban destinadas a ayudarles a atravesar de forma segura la brecha. Todos los demás pusieron su cruz sobre la grieta y caminaron por el puente que habían hecho, pero el hombre que le había pedido a Dios que redujera su carga se quedó donde estaba con una cruz muy corta que no le sirvió para nada. Se quedó abandonado, completamente solo.

La vida nos va a plantear innumerables retos. Tenemos que aplicar el discernimiento para saber cuándo debemos aceptar lo que la vida nos trae, intentando estar agradecidos y felices por lo que tenemos, o cuándo debemos esforzarnos por cambiar algo. Una cosa que sabemos con seguridad es que nunca habrá ningún momento en el que no haya ningún desafío.

El teólogo Reinhold Niebuhr expresó muy sabiamente la actitud que hay que adoptar cuando se presentan los inevitables retos de la vida. Su plegaria se repite todos los días en las reuniones de los Alcohólicos Anónimos, inspirando a millones de personas que están intentando dejar atrás su antigua forma de vida y adoptar una vida dedicada a la espiritualidad y el servicio.

«Dios, concédeme la serenidad necesaria para aceptar lo que no pueda cambiar, el valor necesario para cambiar lo que sea capaz y la sabiduría necesaria para conocer la diferencia».

A veces no podemos entender por qué tenemos que soportar las cargas que llevamos en la vida. Ya vengan en la forma de problemas de salud, sufrimiento psicológico, cargas familiares o dificultades financieras, todo el mundo tiene algún sufrimiento que afrontar.

Hace unos años leí un artículo en amritapuri.org, el sitio web del áshram, que contaba la historia de un hombre que había sobrevivido a una trágica inundación en el Norte de la India. Cuando la riada llegó, su familia buscó refugio en el tejado de su casa y otros muchos aterroriza-dos aldeanos se les unieron. Con la riada crecien-do y demasiada gente sobre el tejado, el edificio simplemente se hundió bajo todo ese peso.

La familia de ese hombre, su mujer y todos sus hijos se ahogaron. Murieron mientras él seguía sujetándolos. Todos sus vecinos y ami-gos también se ahogaron. Solo sobrevivió su hermana.

Completamente desesperado, se volvió hacia ella y le dijo:

—¿Para qué vamos a vivir ahora? Lo hemos perdido todo. Podemos tomarnos un veneno y morir también nosotros.

Ella lo abofeteó, gritándole:

—¡Cómo te atreves a hablar así! Dios nos ha dado la vida. Nosotros tenemos que seguir adelante.

Era desgarrador. Lloré solo leyendo el artícu-lo. Pero esa es la experiencia de las víctimas de todo el mundo, que no tienen más opción que soportar un sufrimiento horrible día tras día. Vivimos en un mundo lleno de dolor.

Después de la catástrofe, Amma envió a sus representantes para ayudar a la gente a recuperarse. El hombre mencionado en el artículo dijo que, mientras hablaba con los voluntarios de Amma, pudo sentir alivio y relajarse por primera vez desde que perdiera a su familia. La fortaleza de su hermana y el consuelo y cariño que le dieron los voluntarios de Amma le ayudaron a mantener la cordura. Gracias a ellos, al final fue capaz de superar su tragedia personal y volver a sonreír.

Puede ser casi imposible regresar de las profundidades de la desesperación cuando la vida nos ha asestado un golpe cruel; pero hay un bálsamo mágico que cura todas las heridas: el amor desinteresado y la bondad de los demás nos alivia el dolor y nos ayuda a recuperarnos.

Tenemos que hacer las paces con Dios y encontrar la fe necesaria para saber que nuestro sufrimiento no es un castigo. Dios es amor puro, así que tiene que haber otra razón para nuestro dolor. A pesar de todo, hay que encontrar la fuerza necesaria para seguir adelante, sabiendo que algún día todo estará claro y lo entenderemos. Amma nos recuerda constantemente que tenemos un potencial infinito en nuestro interior que nos permitirá ser capaces de sobrellevar cualquier situación. El problema es que todavía tenemos que encontrar esa fuente de fuerza y saber cómo acceder a ella.

Nunca se nos da nada que no seamos lo suficientemente fuertes para afrontar. En el momento en que los retos nos golpean, es sumamente difícil mantener la cabeza fría. A menudo solo más tarde, cuando tenemos la mente clara y llena de discernimiento, comprendemos la finalidad del karma que hemos tenido que soportar.

Tenemos que tratar de orientar nuestro sufrimiento en una dirección positiva. Eso nos librará de un dolor incesante. Si podemos superar nuestro sufrimiento y aprender de él, seremos capaces de ayudar a muchas otras personas que están perdidas en las profundidades de su propia desesperación. De la semilla del dolor es de donde puede brotar la mayor sabiduría.

Hay una historia sobre un anciano que perdió a su esposa. Cuando sus amigos y familiares fueron a acompañarle en su dolor, los recibió con una sonrisa, diciendo:

—Mi mujer me cuidó durante toda la vida que pasamos juntos. Yo tenía miedo de morir antes que ella y dejarla sola. Ahora ella se ha ido y yo seré el que tenga que afrontar la soledad; pero estoy muy agradecido por ello. Por lo menos es algo que puedo hacer por ella.

Cuando nos vemos forzados a abandonar nuestra zona de confort y a movernos hacia el dolor y la incomodidad, es cuando verdaderamente podemos crecer. Entonces es cuando descubrimos que podemos lograr cualquier cosa que la vida nos pida. Amma nos lo recuerda a menudo, pero nunca la creemos del todo. Muy pocas veces ponemos en juego todo nuestro esfuerzo y capacidad.

Debemos esforzarnos seriamente por poner en práctica las palabras de Amma en nuestra vida. Hasta que lo hagamos, la vida nos pondrá constantemente en situaciones difíciles intentando liberar nuestra fuerza espiritual oculta.

Si nos permitimos afrontar con una actitud positiva lo que la vida nos presenta, podemos ayudar a destruir las negatividades que han arraigado en nuestro interior. Recuerda esta verdad sencilla pero difícil: *todo* es la Voluntad Divina. Pase lo que pase, por doloroso que sea, siempre es lo mejor. De verdad que lo es.

Durante la Segunda Guerra Mundial, el ejército alemán saqueó muchos pueblos y sistemáticamente robó todos los cerdos a los granjeros para dar de comer a sus tropas. La gente estaba muy afectada, porque los cerdos eran su medio de vida. Estaban aterrorizados, sin saber cómo iban a dar de comer a sus familias sin su alimento principal. Los aldeanos volvieron a los campos y empezaron a cultivar más verduras y cereales, esperando que la cosecha les diera suficiente alimento y nutrición para sobrevivir durante el frío invierno europeo.

Irónicamente, como se vieron obligados a dejar la carne y a adoptar en su lugar una dieta vegetariana, los casos de enfermedad cardíaca disminuyeron drásticamente entre los aldeanos y por eso su salud mejoró mucho. A veces lo que pensamos que es una desgracia en realidad puede ser lo mejor para nosotros. Solo el tiempo y la paciencia nos enseñan esta lección.

Amma a menudo cuenta la historia de un grupo de caracoles que iban lentamente hacia un bosque. Cuando les avisaron de que el bosque estaba yermo y desolado, los caracoles respondieron con entusiasmo:

—¡Eso no es ningún problema, porque seguro que se habrá convertido en un precioso bosque para cuando lleguemos!

Como esos caracoles, nunca debemos perder la paciencia y el entusiasmo. La paciencia y el entusiasmo son tan escasos y tan valiosos como el oro puro. Son cualidades verdaderamente valiosas de tener, si podemos cultivarlas en el infeliz mundo de hoy en día.

Amma se fija en el gozo y no vive en lo negativo. Conoce el pasado, el presente y el futuro y entiende plenamente todo aquello que nos atrapa cuando estamos perdidos, tristes, enfadados o deprimidos por algo; sin embargo, siempre intenta no dejarnos caer en la trampa de pensar demasiado en las cosas malas de la vida. Nos guía constantemente de vuelta a nuestro centro, donde podemos estar más equilibrados y ser más capaces de elegir la dirección de la felicidad.

Capítulo 10

Cultivar la gratitud

«¿Si no nos sentimos agradecidos por lo que ya tenemos, ¿qué nos hace pensar que seríamos más felices con más?»

Autor desconocido

¿Por qué pensar tanto en las cosas negativas de la vida? Hay un chiste sobre un bebé mosquito que regresó después de su primer vuelo. Su padre le preguntó:

—¿Cómo te sientes, hijo?

El bebé mosquito contestó:

—Fue estupendo, papá. ¡Todo el mundo me aplaudía!

Esa es la clase de actitud positiva que necesitamos para poder atravesar las malas rachas de la vida.

Hay que decidir tener una actitud entusiasta y positiva en la medida en que podamos. Mucho

depende de la manera en que usemos la mente.
Hay un poema titulado «Actitud», de un autor
desconocido, que subraya la clase de perspectiva
que todos debemos intentar adquirir:

Había una vez una mujer que
se levantó una mañana,
se miró al espejo
y se dio cuenta de que solo tenía
tres pelos en la cabeza.
—Bien —dijo—. Creo que hoy
me voy a hacer una trenza.
Así lo hizo y pasó un día estupendo.

Al día siguiente se levantó,
se miró al espejo y vio
que solo tenía dos pelos en la cabeza
—Mmmm —dijo—.
Creo que hoy voy a llevar raya en medio.
Así lo hizo y pasó un día fantástico.

Al día siguiente se levantó,
se miró al espejo y se dio cuenta de que solo tenía
un pelo en la cabeza.
—Bueno —dijo—,
hoy me voy a hacer una coleta.

Así lo hizo y pasó un día muy, muy divertido.

Al día siguiente se levantó,
se miró al espejo y se dio cuenta
de que en la cabeza
no tenía ni un pelo.
—¡YUPI! —exclamó—,
¡Hoy no tengo que peinarme!

Personalmente, me veo reflejada en este poema porque yo también tengo muy poco pelo. Lo único que podemos hacer es intentar hacer lo mejor que podamos en el momento presente con lo poco que tengamos.

Amma nos enseña con su ejemplo a fijarnos en la alegría y la aceptación en lugar del sufrimiento. Si la observamos, aunque solo sea un ratito (donde quiera que esté), percibimos una alegría divina que fluye por Ella, desde Ella y todo a su alrededor. Ha encontrado la fuente interior y la ha aprovechado al máximo, mostrándonos que nosotros también podemos alcanzar ese estado. Es absolutamente posible.

Quien tiene una mente refinada y comprensión espiritual puede «sentir» la magnificencia de una santa como Amma, mientras que otros quizá todavía no tengan una mente lo suficientemente amplia como para entender su grandeza. La profundidad de nuestra comprensión procede lo que ya se haya despertado en nuestro interior.

A veces, puede parecer que la vida nos está haciendo pasar por un mal momento. Algunos días todo parece ir mal vayamos donde vayamos; pero tenemos que lidiar con nuestros demonios todos los días. De lo contrario, se pueden apoderar de nosotros. Solo una persona valiente puede mirar en su interior y decidir hacer lo correcto en las situaciones difíciles.

A menudo parece mucho más fácil tomar la vía rápida y oscura a la que nos llevan nuestros demonios en lugar de la vía «menos transitada», *dhármica* (recta). Sabemos el camino correcto que nos lleva a nuestro desarrollo espiritual; pero, por alguna razón, no siempre lo elegimos. No hay que ceder al *adharma* (maldad) tan fácilmente. Tenemos que convertirnos en intrépidos guerreros espirituales.

En lugar de intentar vencer a los enemigos exteriores que nos acosan, primero tenemos que luchar contra nuestros propios demonios interiores. La gente no se da cuenta de que lo que hay que derrotar son estos demonios interiores, porque son mucho más dañinos para nosotros que ninguna otra cosa.

He descubierto que algunas de las mayores bendiciones de mi vida han nacido de la lucha con los monstruos que tenía dentro. Las cosas que nos aterrorizan pueden convertirse en nuestros mejores amigos cuando aprendemos a controlar la mente.

Nuestra oscuridad se puede transformar en luz, nuestra debilidad en fortaleza. Solo hace falta esfuerzo, una actitud positiva y un enfoque claro para trasformar las aguas amenazantes de la mente en un río de gracia fresco y poderoso.

Cuando tengamos retos que superar, recordemos el alentador consejo de Amma: «Solo esfuérzate por hacerlo lo mejor que puedas. Sin duda descubrirás que después de todo no era tan difícil».

Si hacemos todo el esfuerzo posible y entregamos nuestro duro trabajo a lo Divino, cuando miremos más detenidamente lo que nos molesta seguro que descubrimos que en cada infortunio hay una bendición escondida. Cuando vemos el mundo de esta manera, nuestras dificultades ya no son más nuestros torturadores. Se convierten en las semillas de nuestra transformación.

El doctor Robert Emmons, de la Universidad de California, en Davis, y el doctor Michael McCullogh, de la Universidad de Miami, realizaron en una ocasión un estudio para comprobar la influencia de las actitudes de las personas en la calidad de su vida.

En el estudio, dividieron a los participantes en tres grupos y les pidieron que escribieran un diario. Al primer grupo se le pidió que escribiera sobre los detalles de su vida cotidiana, al segundo grupo se le pidió que expusiera sus problemas y enfados del día a día y al tercer grupo se le pidió que escribiera sobre todo aquello por lo que estaban agradecidos cada día.

Los resultados fueron inspiradores. Al final del estudio, el grupo que se centró en la gratitud informó tener niveles de felicidad y bienestar significativamente más altos. Tenían más energía, resolución, lucidez, atención y entusiasmo.

Los beneficios de la gratitud no se limitaron tan solo a cómo se sentían los participantes. También se trasladaron al mundo exterior. El estudio demostró que, al contrario que los que se centraron en los hechos o en los problemas, los que se centraron en la gratitud era mucho más probable que trabajaran para realizar sus objetivos, y de hecho los alcanzaban.

Además, Emmons y McCullogh descubrieron que cultivar la gratitud *de cualquier manera* producía cambios positivos en los participantes. Además de la lista de la gratitud, algunos de los otros métodos que funcionaban eran rezar, asistir a servicios religiosos y estudiar textos espirituales.

Algunas personas no necesitan estudios científicos para practicar la gratitud. Una chica que conozco y que era muy resistente me habló de un juego al que recurría siempre que se sentía enfadada o deprimida. Ella y una amiga se reunían y decían por turnos palabras que representaran algo por lo que se sintieran agradecidas.

Sería algo así, alternativamente:

—Amma —podría decir la chica.

—El cielo —respondería su amiga.

—Pizza.

—Seva.

—Helado.

El juego tenía un efecto sencillo: eliminaba la negatividad de sus mentes disgustadas e imprimía un giro agradable a la vida.

Como dijo en una ocasión el famoso filósofo Eric Hoffer: «La aritmética más difícil de dominar es la que nos permite contar nuestras bendiciones». Eso es muy cierto; pero si desarrollamos la fortaleza mental que nos permita obligar a nuestros pensamientos a vivir en la gratitud, conoceremos la alegría.

El mundo siempre será un desastre cuando lo miremos con nuestra visión limitada; pero un día, cuando nuestra visión se vuelva pura, veremos y experimentaremos la gloria en todo y a través de todo. Veremos perfección en todas partes. Ahora carecemos de esta visión porque aun no hemos sintonizado y afinado nuestra visión para percibir las cosas de esa manera.

Un hombre que había estado ciego vino a hablar conmigo después de una operación que le devolvió la vista. No podía creer lo maravilloso que era el mundo. Estaba ansioso por descubrir la belleza de todas las cosas.

Con mucha frecuencia miramos a nuestro alrededor y pensamos que es un mundo muy cruel, pero él solo veía la grandeza de todo lo que había a su alrededor. Cuando intentemos ver el mundo de la manera que realmente es, como una manifestación del amor divino, finalmente nos daremos cuenta de la belleza que está en todas partes.

No hay que perder el tiempo ni la energía fijándose en todas las cosas terribles que hay en el mundo. Amma no quiere que nos quedemos ahí. Eso solo hace que perdamos nuestra fuerza. En lugar de eso, nos anima a que cultivemos la compasión. Nuestro deber es sentir empatía por los que sufren e intentar hacer lo que podamos por ayudar a los que lo necesiten, de cualquier manera que seamos capaces.

Hay muchas personas inspiradoras en este mundo. Hay algunas que estaban metidas en actividades peligrosas o ilegales y que de alguna manera encontraron la fortaleza necesaria para dar un giro en sus vidas. Muchos de ellos deciden volver a las mismas peligrosas calles de las que proceden para ayudar a otros a superar su vida de violencia y delincuencia. Sus vidas han sido cinceladas por experiencias difíciles, pero inspiran a otros muchos para que cambien a mejor.

Debemos utilizar los talentos y las experiencias que hemos adquirido en la vida para acercarnos a los demás a ayudarlos; por eso nos los ha dado Dios. En ese proceso todas nuestras penas se disolverán y se olvidarán.

A menudo Amma dice que si pasamos aunque solo sea un segundo siendo bondadosos con otras personas, haciéndolas felices, eso en sí mismo es algo grandísimo. Es algo que todos nosotros podemos hacer. Como solo el momento presente está en nuestras manos, debemos intentar hacer cosas buenas ahora.

Gente de todo el mundo está empezando a darse cuenta de que tenemos que cuidar mejor a la Madre Naturaleza así como a nuestras hermanas y hermanos de toda la Tierra. Seguro que las vibraciones positivas de estas personas de mentalidad espiritual ejercerán una influencia positiva sobre nuestro mundo enfermo.

Si solo pensamos en nuestras propias necesidades, sin tener en cuenta a nadie más, solo nos volveremos egoístas, insensibles y nos deprimiremos. Podemos acabar hundiéndonos muy profundamente y desperdiciar toda nuestra vida ensimismados en el egocentrismo.

Amma dice que siempre hay alguien que nos admira, tomándonos como su modelo, aunque solo sea nuestro hermano o hermana menor. Tal vez si hacemos cosas increíblemente buenas, incluso de la manera más modesta, otros seguirán también nuestro ejemplo. Lentamente, paso a paso, podemos cambiar el mundo

Dios ha creado un mundo magnífico. El sufrimiento y la negatividad que vemos no son creación de Dios, sino nuestra. Hemos creado el sufrimiento con nuestra mente y nuestro ego descontrolados. Amma nos está enseñando otro camino para seguir hacia adelante. A diferencia de nosotros, Ella ve la maravilla divina en todo y eso le da el mayor gozo que nunca se pueda lograr.

Amma vive por completo en el momento presente. Eso no significa que se relaje y disfrute tranquilamente del esplendor de la creación de Dios. No ha habido nunca nadie que haya trabajado más intensamente o durante más tiempo que Ella. Ella da el máximo en todas las situaciones y toma lo mínimo posible para sus necesidades personales. Nunca nadie ha puesto más energía personal para servir a los pobres y los necesitados que Amma.

Capítulo 11

Amor y trabajo

*«El mejor antídoto que conozco para
la preocupación es el trabajo.
El mejor remedio para el agotamiento
es el reto de ayudar
a alguien que esté aún más cansado.
Una de las ironías más grandes
de la vida es esta:
Quien sirve casi siempre se beneficia más
que quien es servido».*

Autor desconocido

Amma nos enseña que el trabajo duro es el ingrediente secreto que proporciona el verdadero éxito y la felicidad en la vida. No podemos depender solamente de la gracia; también tenemos que esforzarnos. La verdad es que la gracia solo puede venir del esfuerzo.

Una mujer vino a ver a Amma por primera vez en Los Angeles y después voló a la India para participar en la gira del Norte de la India. Es maquilladora en Los Angeles y trabaja en Hollywood con todas las grandes estrellas. Estaba hablando de su seva en la gira, diciendo:

—Estoy haciendo seva en el puesto de zumos, que está bien; pero me parece que he tenido suerte, porque el turno que va antes hace todo el trabajo, de modo que, cuando llego, siempre me dicen: "Solo parte algunas limas y después te puedes ir". Así que siempre me voy pronto y simplemente voy a sentarme en el escenario con Amma.

«Entonces, un día Amma no hacía más que mirarme fijamente y sentí que quería que me ensuciara haciendo una verdadera seva. Bajé del escenario y me topé con una mujer que iba a recoger basura. Empezamos a recoger juntas los desperdicios. Fue una buena lección de humildad.

«Mucha gente se me quedaba mirando con mis ropas blancas, recogiendo basura en la calle. A veces chasqueaban los dedos para indicarme más basura para recoger del suelo, aunque por supuesto no se movían en absoluto para recoger nada ellos mismos. Pero entonces empecé a disfrutar realmente de la seva. Pensaba: "¡De verdad que me gusta esta seva tan sucia! ¡Qué diablos, debería ponerme el mandil todos los días y hacer esto!"

«El segundo día estaba animadísima para volver a hacer "verdadera" seva. Había pensado cómo hacerlo, dónde poner la basura después de recogerla, etc. Tenía las manos llenas de basura y se me estaba ensuciando la ropa. Era realmente apasionante.

«Entonces unos devotos me pararon y me preguntaron: "¿Podemos hacerte una foto?" Mi compañera basurera me dijo: "¡Venga! ¡Vamos!" Pero yo le respondí: "¡Espera un minuto! ¡Tengo que atender a la gente!" Así que me arreglé el pelo, me sacudí la ropa y posé para ellos con el pincho de recoger basura, pensando en mi interior: "¡Puede que lo suban a Facebook!"

Como una hora después de haber terminado la seva tenía un turno con Amma en el escenario. Amma se volvió para mirar a todas las personas que estaban sentadas a su lado. Después se volvió para mirarme directamente y me hizo un gesto de profunda aprobación».

Lo único que quiere un verdadero maestro espiritual es que seamos felices, por lo que intenta inspirarnos para que hagamos el esfuerzo necesario para alcanzar la paz mental. Amma es única, y tiene su propia meta: quiere que alcancemos la dicha, la misma dicha que Ella ha saboreado, y hará lo que sea necesario para llevarnos a ese estado. Lo que tenemos que poner nosotros es muy sencillo en esencia; pero nos resulta muy difícil hacer el esfuerzo necesario para lograr ese objetivo.

Un día Amma dijo:

—Ver a mis hijos en el estado de *samadhi* (dicha) sería como... e hizo un gesto como si estuviera bebiendo ambrosía divina. Una mirada gozosa brillaba en su cara mientras decía eso. Era hermoso ver como podría ser para nosotros solo con que lo intentáramos de verdad.

Amma repite una y otra vez: «La felicidad de mis hijos es el alimento de la Madre. La felicidad de Amma es cuando encontráis la dicha en vuestro interior».

Tenemos que pagar un precio para alcanzar el estado más elevado de éxtasis. Hace falta una gran cantidad de trabajo duro. No hay que ser perezoso. Amma nos anima a que hagamos un esfuerzo constante para que podamos encontrar la dicha suprema.

Amma practica el esfuerzo más suave y más fácil, natural y espontáneamente, en todo lo que hace. Durante la celebración de su sesenta y un cumpleaños, alguien señaló en un discurso sobre Amma que «Amma trabaja siete semanas todos los días».

Al principio, me reí para mí un poco, pensando que había sido un pequeño lapsus; pero, después de pensarlo, me di cuenta de que en realidad sus palabras eran las más adecuadas y completamente ciertas. Es verdad que cada día Amma hace el trabajo de siete semanas. Nadie más en el mundo consigue ni de cerca hacer lo que Amma es capaz de hacer.

A menudo oímos algo y lo juzgamos según nuestra mentalidad limitada, pero si ampliamos un poquito más nuestra forma de pensar, descubriremos que hay otros niveles de existencia ocultos, más allá de nuestras fantasías más locas. Por el momento, no tenemos en absoluto ese grado de comprensión. Cuando obtenemos una cierta cantidad de humildad, se amplía nuestra visión y todo un mundo enorme de posibilidades se empieza a revelar.

Amma nos ha dado todo lo que necesitamos para llevar una vida rica y provechosa. No nos hace falta nada más para alcanzar la meta. Tenemos una maestra perfecta, libros espirituales en la biblioteca y en la librería que nos enseñan y nos inspiran y bhajans para los que quieren sentir la dicha de la devoción. Amma hace posible que recibamos con frecuencia el toque de una maestra perfecta y disponemos de infinitas ocasiones de servir a los demás. Con Amma todo está a nuestro alcance.

Aquellos de nosotros que conseguimos estar todo el tiempo con Amma somos unos mimados.

Está claro que lo somos. Basta con que realicemos cualquier clase de esfuerzo y su gracia fluirá hacia nosotros como un río.

Como dice Khalil Gibran: «El trabajo es el amor hecho visible». El amor a Amma da un caudal increíble de fuerza a los devotos que trabajan día y noche en cualquier cosa que sea necesaria.

El amor visible de los hijos de Amma adopta muchas formas diferentes: trabajo físico durante las operaciones de ayuda en desastres, sentarse a trabajar delante del ordenador durante horas y horas, planificar la organización de los múltiples proyectos y programas benéficos de Amma o incluso simplemente doblar y transportar revistas Matruvani para tenerlas listas en su fecha de envío.

Amma dice que desgastarse haciendo algo bueno por el mundo es mejor que oxidarse. Ella inspira a millones de personas a ofrecer su servicio al mundo.

Cuando era pequeña, la madre de Amma le decía a la joven Sudhámani que le pidiera constantemente a Dios que le diera trabajo. En lugar de eso, Amma le pedía: «Por favor, Dios, siempre dame Tu trabajo». La gracia de Dios siempre fluye hacia quien está dispuesto a ayudar a los demás.

La madre de Amma siempre trabajó muy duro e influyó a sus hijos para que también fueran así. Cuando Amma era joven, aunque estuviera completamente agotada, Damayanti Amma le decía que nunca debía mostrarlo. En lugar de eso, debía mostrar una actitud positiva y estar contenta de trabajar aún más. Su madre nunca permitía que nadie hiciera algo para ella. Era autosuficiente y siempre hacía las cosas por sí misma.

Damayanti Amma se levantaba todas las mañanas a las tres en punto, una práctica que ha seguido haciendo toda su vida. Después de levantarse, realizaba todas las tareas domésticas y recitaba mantras y oraciones tradicionales durante tres o cuatro horas hasta la salida del Sol.

Cuando había salido el Sol, salía inmediatamente afuera y se postraba. Su norma era que el patio tenía que estar completamente barrido antes de la salida del Sol. Creía que nunca hay que sacar la escoba delante de Dios. Conocía el valor del trabajo duro y la sabiduría de las tradiciones ancestrales, y trasmitió esos valores a sus hijos.

De pequeña, la ética de trabajo de Amma a menudo molestaba a sus hermanas. Por la mañana nunca las dejaba dormir hasta tarde, sino que las hacía levantarse a las cuatro, encender la lámpara, bañarse y ayudar en algún trabajo. Solían estar muy enfadadas con ella por hacerlas levantarse tan temprano. Para la hora en que el resto del vecindario se levantaba, la familia de Amma ya tenía hecho todo el trabajo de la casa y estaban listos para salir.

Los vecinos alababan a la familia de Amma y les decían a sus propios familiares que debían tomar ejemplo. Les decían:

—¿Veis cómo se levantan y hacen todas las tareas domésticas?

El anciano de la puerta de al lado siempre se levantaba temprano para bañarse, mientras su esposa y sus hijos dormían cómodamente. Se ponía a discutir con su familia al compararlos con la familia de Amma diciendo:

—¡Mirad a los de al lado, lo disciplinados que son!

Por la tarde, Amma y sus hermanas solían salir a cortar hierba para las vacas. A Amma nunca le importó hacerlo, pero a las otras hermanas no les gustaba excavar o lavar la hierba, porque se ensuciaban las manos, de modo que se peleaban para que les tocara el menor trabajo sucio posible.

Las hermanas todavía recuerdan vivamente lo rápido que Amma hacía todo. Cuidaba las vacas, cortaba la hierba y hacía todas las tareas domésticas tan deprisa que nunca podían seguir su paso. Además de todo el trabajo que Amma realizaba, también prestaba atención a todas las necesidades de la familia y sacaba tiempo para la devoción y la meditación.

Cuando dedicamos el tiempo y la energía al servicio, nos damos cuenta de que somos capaces de lograr cosas increíbles. Muchos devotos han descubierto en sus vidas que eso es cierto. Cuanto más trabajemos para servir a los demás, más inundarán la gracia y la alegría nuestra vida.

Cuando se realizó una encuesta para ver si la gente dejaría su trabajo si alguna vez ganaba la lotería, sorprendentemente casi todo el mundo contestó que serían más felices si seguían trabajando. La mayor parte de la gente disfruta trabajando. Aunque a veces les resulta difícil, saben que deben trabajar no solo para ganar dinero sino también para mantener un cierto nivel de paz en su vida. La paz que experimentamos cuando hacemos trabajo de servicio es incomparable. Es una paz especialmente profunda que a menudo no podemos expresar con palabras.

Una vez oí una historia muy conmovedora sobre una heroica mujer que convirtió su trabajo en puro servicio. Desde pequeña, siempre había querido ser profesora. Ya de adulta, ayudó a innumerables estudiantes difíciles a realizar con éxito su periplo a lo largo del sistema escolar. Entonces, de repente, contrajo la enfermedad de Lou Gehrig, que suele ser fatal en tan solo cinco años.

Cuando le diagnosticaron la enfermedad, escribió un correo electrónico a todos sus compañeros y a las familias de todos sus alumnos. Les hizo saber que tenía una última lección que enseñarles: que la muerte es una parte natural de la vida.

Pidió permanecer en su trabajo, comunicándose por ordenador cuando su voz la abandonó. Nunca quiso irse a casa a descansar como hubiera hecho la mayoría de la gente, sino que empezó a gestionar dos bibliotecas de la escuela primaria. Todos sus compañeros de trabajo la nombraron por unanimidad «Profesora del Año».

El servicio desinteresado es la manera más fácil de olvidarnos de quién creemos que somos. Nos ayuda a descubrir la Divinidad en nuestro interior y también en el interior de los demás. Es uno de los caminos más hermosos y fáciles de seguir. La clave de la alegría y la paz es muy sencilla: basta con intentar todo lo posible hacer algo bueno, por pequeño que sea.

Capítulo 12

Superar el dolor

«Las palabras amables pueden ser cortas y fáciles de decir, pero su eco es realmente infinito».

La Madre Teresa

Amma nos ofrece la oportunidad perfecta para adquirir buen karma proporcionándonos innumerables situaciones diferentes para realizar servicio desinteresado. Trabajar duro por una buena causa, con la comprensión correcta, produce en nosotros una hermosa corriente de alegría. La seva es realmente una de las prácticas espirituales más fáciles y gratificantes que hay.

En las raras ocasiones en las que Amma está en su habitación y no le ha dado darshan a la gente ese día, se niega a comer. Dice que debemos hacer al menos un poco de trabajo cada día para ganarnos el alimento que comemos. Después de eso, debemos hacer un poco más de seva para ayudar a otras personas necesitadas. Amma lo deja muy claro: si esperamos progresar, no podemos obviar la necesidad de trabajar intensamente.

Tenemos que realizar acciones desinteresadas o nos volvemos egoístas y perezosos. Hasta las personas con discapacidades físicas hacen seva todo el tiempo con Amma: dando la bienvenida a los recién llegados, comprobando las pulseras acreditativas, seva de seguridad... el servicio desinteresado no tiene que ser necesariamente trabajo manual. Ofrecer oraciones por los demás también es seva, porque no estamos pensando en nuestras propias necesidades.

Es virtualmente imposible evitar la seva cerca de Amma, especialmente cuando la vemos trabajando tan intensamente. También nosotros podemos rendirnos humildemente, con una actitud de entrega, y decidir trabajar con la mejor actitud que podamos mostrar. En realidad es por nuestro propio bien, porque nuestras acciones y actitudes nos van a seguir como una sombra donde quiera que vayamos, directamente al futuro.

No podemos escapar de nuestro karma pasado. Tendrá que dar fruto. Pero si estamos dispuestos a echar una mano y ayudar siempre que surja la necesidad, seremos capaces de cortar muchas de las cadenas kármicas que nos atan.

No seremos capaces de mantener siempre la actitud perfecta. Después de todo, puede ser difícil mantenernos alegres cuando estamos metidos hasta las rodillas en estiércol, moviéndolo con una pala en un día caluroso mientras un mar de sudor amenaza con ahogarnos. Pero estemos seguros de que en nuestra cuenta bancaria del karma se producirá un gran ingreso. Cuando nos obligamos a hacer algo bueno porque sabemos que es lo correcto (aunque realmente no queramos hacerlo), un torrente de gracia fluye hacia nosotros.

A menudo es difícil obligarnos a hacer lo que es necesario, así que no hay que perder el tiempo pensando si nos apetece o no. Hay que lanzarse y tomar la decisión de hacer algo bueno antes que la mente nos quite la idea. Somos muy afortunados cuando tenemos la oportunidad de hacer algún servicio. Verdaderamente, la seva es una de las prácticas espirituales más agradables.

Nuestra mente está siempre dando vueltas, y siempre tiende a arrastrarnos hacia abajo; sin embargo, cuando asumimos la responsabilidad de la seva tenemos la ocasión de volcar nuestra energía en algo beneficioso. Eso nos eleva e impide que la mente desvíe la energía hacia abajo y hacia lo negativo.

Cuando te sientes deprimido e intentas sentarte a solas a meditar en silencio, sin duda empezarán a aparecer pensamientos perturbadores. Amma aconseja que, cuando estamos preocupados, es mejor mantenernos ocupados en lugar de meditar.

A las personas que tienen problemas psicológicos o una tendencia a la depresión, no hay que dejarlas sentarse ociosamente con la mente descontrolada. La mente girará aún más locamente, empeñada en producir aún más sufrimiento. En lugar de eso, hay que animarlos a mantenerse ocupados haciendo algo interesante, sea lo que sea.

El objetivo debe ser atrapar nuestra inquieta mente y darle algo bueno en lo que concentrarse, algo menos destructivo que lo que elegiría por propia voluntad. La seva es tan buena porque nos saca de nuestro pequeño, aislado y egoísta mundo para ayudar a los demás.

Hay un devoto que vino a la India para trabajar para Amma y fue enviado a Mumbai para hacer seva. Unos meses después, mientras volvía en tren a visitar a Amma en Ámritapuri, se sentía un poco triste y abandonado. «Quizá Amma se haya olvidado de mi», pensaba para sí. En ese mismo momento recibió un mensaje de texto de un amigo diciéndole que Amma acababa de estar hablando sobre él y lo había estado elogiando.

Amma siempre está con nosotros, guiando todos nuestros pensamientos y acciones. Nos recuerda que está constantemente observando a cada uno de sus hijos. Amma es la tranquila voz interior que nos susurra palabras de sabiduría para que no suframos ningún daño. Nos habla de una manera tan sutil y tan suave que quizá no siempre la oigamos. Nuestros gustos, aversiones y egoísmos provocan una espantosa cantidad de parloteo en la mente; pero nunca deberíamos dudar de su presencia.

Como Amma nos recuerda, «con el amor puro no hay absolutamente ninguna distancia entre nosotros».

En Brisbane (Australia), cuando había terminado el programa y Amma caminaba hacia la salida, se fijó en un hombre que estaba de pie detrás de la fila de gente reunida a lo largo del camino para despedirse de Ella. Le preguntó si había recibido prasad y yo le pregunté si había recibido el darshan. El contestó: «No, solo soy un conductor voluntario». Amma lo besó dulcemente en la mano.

Aunque solo sea una única persona entre la multitud, una única cara en el mar de gente, Amma reconoce a los que no ha abrazado. A veces, al final del último programa en una ciudad, después de haber visto a tantos miles de personas, cuando Amma camina entre la muchedumbre para marcharse distingue a alguien que no ha acudido a Ella. Quizás no lo haya hecho por no haber podido conseguir un número, o por pensar que el gentío era demasiado grande, o por saber que a Amma le duele el cuerpo por dar darshan durante tantas horas.

Amma sabe cuáles de sus hijos no han recibido darshan, y a menudo los abraza cuando se dirige a la salida de la sala. Para los que eligen no ir al darshan para evitarle el esfuerzo de ver a otra persona más, Amma siempre agradece su sacrificio de una u otra manera. Siempre es consciente de todos y de todo lo que pasa a su alrededor y nos inunda de gracia.

Hemos vivido a lo largo de muchas vidas. Hemos hecho de todo: hemos sido hombres; hemos sido mujeres; hemos estado casados; hemos sido solteros. En la vida nos han dado muchísimos regalos, una y otra vez. Ahora ya es el momento de tenderles la mano a los demás y hacer algo para devolverlos.

En algún punto de nuestra evolución tenemos que hacer el esfuerzo de elevarnos hasta el lugar más alto que podamos alcanzar y gozosamente devolver parte de las innumerables bendiciones que hemos recibido. Si podemos hacerlo, las bendiciones seguirán multiplicándose.

Un devoto cuenta esta historia:

«Iniciamos una seva de Embracing The World que se llamaba "Las manos de Amma". Como el cuerpo físico de Amma solo puede estar en un lugar a la vez, los devotos de Amma son sus manos en el mundo. Muchas veces los devotos tienen el anhelo de ayudar y servir, y se sienten muy inspirados por Amma cuando La ven; pero después regresan a su vida habitual y no muchos siguen adelante. "Las manos de Amma" es un intento de cambiar eso.

Vamos a asilos y trabajamos con la gente que se está muriendo. Todos están en sillas de ruedas y necesitan ayuda para todo. No pueden comer por sí mismos y están completamente solos. Están muy enfermos, luchando por sobrevivir y asustados, y no tienen familia que les consuele porque a las familias les resulta demasiado difícil verlos en ese estado.

Vamos a los asilos y hacemos con ellos sesiones de sanación. También les llevamos cosas como chales de oración y les damos masaje. Una mujer les pinta las uñas para que se sientan queridos y cuidados. Les leemos y cantamos con ellos. Simplemente intentamos estar presentes.

Estar presente con alguien es el mayor regalo que se puede dar.

Esta seva está cambiando enormemente su vida. Están empezando a sonreír otra vez, y siempre preguntan cuándo vamos a volver. Nuestras visitas les dan esperanza. Nos dan la mano, nos tocan la cara y nos besan diciendo "gracias", casi llorando.

También les damos masajes a los cuidadores, porque el ambiente es igual de estresante para ellos. Mi objetivo es involucrar al mayor número posible de hijos de Amma. El mensaje de Amma es, ante todo y sobre todo, que ayudemos a los que lo necesitan.

Lo que deseo es inspirar todo lo que pueda a otras personas para que empiecen a hacerlo. Por el momento "Las manos de Amma" está en Boston, y también nos estamos extendiendo por Europa. Nosotros somos realmente las manos de Amma. Tenemos que estar en el mundo sirviéndola a Ella. Debemos esforzarnos por estar con las personas de la manera que Ella estaría, con tanto amor, compasión y dedicación como sea posible, como si fuéramos las propias manos de Amma sirviendo a cada uno de ellos».

A menudo juzgamos mal lo qué significa ser verdaderamente espiritual. La gente a veces dice: «Oh, yo no soy espiritual solo intento ser una buena persona». Otros se consideran profundamente espirituales, pero todos los demás piensan que solo son mezquinos. La bondad es la manifestación de la espiritualidad en su sentido más genuino. Debemos esforzarnos por ser bondadosos. Realmente no es tan difícil.

El que está dispuesto a sonreír sinceramente a todo el mundo está elevándose rápidamente hacia las alturas de la espiritualidad. Los que están dispuestos a ayudar a cualquiera de cualquier manera en que lo necesiten, saben que el servicio a los demás es la verdadera espiritualidad.

Todas las prácticas espirituales están destinadas a abrirnos la conciencia de manera que nos podamos concentrar y vivir en el momento presente y, justo igual que Amma, dejar que el amor fluya allá donde vayamos. No penséis que tenemos que sufrir. El servicio desinteresado nos llevará a la libertad y la dicha verdaderas.

Capítulo 13

La alegría del servicio

«Mientras ayudas a los necesitados, el egoísmo desaparecerá y, sin siquiera darte cuenta, encontrarás tu propia realización».

Amma

La gracia llegará cuando hagamos buenas acciones con una actitud desinteresada. Si decidimos hacer algo bueno, descubriremos la fórmula mágica para acceder a la gracia del guru, aunque ni siquiera nos acerquemos a la forma física del maestro.

Hace unos años, mientras estábamos de gira con Amma en Palakkad, hacía un calor extraordinario. En el Sur de la India suele hacer calor, pero ese año en particular el calor y la humedad fueron extremos. Indudablemente, todos estábamos sufriendo. Estaba trabajando en mi habitación mientras Amma daba el darshan, haciendo lo que podía para sobrevivir al calor, cuando alguien entró y me dijo:

—Acompáñame y nos ayudas a partir verduras. Te vendrá muy bien un cambio de seva.

Pensé: «Puf, gracias. ¡Qué buena sugerencia! Es un plan estupendo, salir ahí afuera al calor abrasador, bajo el sol de mediodía, a partir verduras...» Pero después vi lo que estaba haciendo y pensé: «Bueno, igual es una buena idea». Me recordé que esa sugerencia era un mensaje de la Amada intentando enseñarme algo bueno.

Normalmente, mientras estamos de gira me quedo en la habitación y trabajo en mis libros o en otros proyectos de seva que haya llevado. El partir verduras era una seva completamente diferente de la que estaba acostumbrada; aunque hace treinta años, cuando llegué al áshram, era una partidora de verduras. Así que salí, bajé unos pasos por la calle hasta una estructura parecida a una tienda de campaña que habían montado para los partidores de verduras y me senté en el calor a partir verduras con otras cuantas personas.

La experiencia me impresionó vivamente. Había olvidado que cortar verduras pudiera ser tan divertido, aunque fuera el día del repollo. Hay que partir un montón de repollo para hacer una comida que alcance para todos. Partes, y partes, y sigues partiendo...

Había siete recipientes enormes llenos de repollo, pero, por muchos repollos que partiéramos, los recipientes seguían siempre medio llenos. Estoy segura de que era Amma jugando con nosotros, haciendo manifestarse más y más repollos para que los partiéramos. Lo gracioso era que, a pesar del calor, y a pesar de los repollos que nunca se acababan, partir verduras era una experiencia llena de dicha.

Todo el mundo estaba contento. Era gozoso ver cómo se las arreglaba todo el mundo y lo entregados y joviales que estaban todos mientras hacían su seva. Me encantó meramente observar a todo el mundo.

Había una niña pequeña, que solo tenía tres años entonces, que estaba descubriendo la alegría del trabajo desinteresado. Tomaba los platos de repollo de todos los demás y los vaciaba en el contenedor grande. Burbujeaba de emoción al hacerlo porque para ella era un juego muy entretenido. Fue divertido y gratificante poder verla descubrir la belleza del servicio desinteresado.

Un chico estaba trabajando en una canción que había escrito para Amma. Era bastante horrible, la verdad; pero solo oírle cantar con todo su corazón, practicando su canción en el calor sofocante, tenía su propio encanto. No se avergonzaba en absoluto de interpretar su composición tan inocentemente y con tanto entusiasmo. Sabía que a Amma le encantaría.

Un hombre mayor, que apenas sabía hablar en inglés, se marchaba de la gira al día siguiente. Pensé lo generoso que era sacrificando su tiempo para hacer seva, partiendo verduras, cuando le quedaba tan poco tiempo precioso para estar con Amma. No podía hablar con nadie, por lo que estaba partiendo en silencio, a pesar de que en lugar de eso podía haber estado viendo a Amma.

De repente, el hombre se cortó en un dedo. Se marcho para que le curaran y le pusieran una venda. Me dio mucha pena que se hubiera dañado y suponía que ya no volveríamos a verlo; pero volvió para seguir partiendo, a pesar de que tenía un gran vendaje en el dedo para cubrir el corte. Estaba muy impresionada por la actitud tan comprometida de todas estas personas.

Un adolescente que estaba allí dijo que debíamos tener los altavoces encendidos, porque no llegaba música al lugar donde estábamos partiendo (y en voz baja nos dijo que prefería oír cantar a los swamis en lugar de las prácticas del otro chico). Se disculpó, diciendo que se iba para pedir que conectaran los altavoces. Supuse que el chico solo quería marcharse para huir del interminable repollo.

Pensé: «Esta es la última vez que vemos a este chico. ¡Qué buena excusa para marcharse de aquí! Adiós, adolescente, nunca volveremos a verte». De todas formas, ¿quién espera que un adolescente esté sentado, en pleno calor, partiendo repollo?

Veinte minutos más tarde, volvió y la música se oía. De nuevo estaba impresionada. Antes de que me diera cuenta, este joven estaba felizmente de vuelta en su seva, y no estaba solo: había traído a sus padres. Estamos acostumbrados a ver muchas familias disfuncionales en Occidente, pero aquí había una familia auténticamente «funcional». Todos parecían encantados de estar juntos, sentados y trabajando, disfrutando al partir los inacabables cubos de repollo.

Todas estas personas habían asimilado la actitud correcta de altruismo y entrega y eran capaces de convertir un día terriblemente sofocante en un día lleno de la brisa fresca de la gracia del guru.

Es raro encontrar grupos de personas que realicen sus tareas con tanta alegría, dedicación y entrega; pero podemos encontrar ejemplos de ello por todas partes alrededor de Amma, especialmente en los innumerables proyectos benéficos que se realizan en su nombre.

Muchas personas son felices haciendo las sevas menos refinadas, como limpiar los retretes o separar la basura. Aunque están físicamente lejos de Amma, a menudo están mucho más contentos que los que pasan horas interminables sentados cerca de Ella, solo mirándola.

También hay personas que solo hacen seva cuando Amma aparece, para que los vea trabajar; pero no suelen ser las personas más alegres en otros momentos. Es verdaderamente asombroso cuánta gente se pone a trabajar cuando viene Amma. Agarran una escoba o cualquier cosa que nunca antes han tocado. Es como si estuvieran pensando: «¡Amma está aquí! Rápido, que todo el mundo parezca ocupado». Pero cuando nos cruzamos con las personas que están haciendo *seva* felizmente lejos de Amma, sin ninguna expectativa, es una de las imágenes más bellas e inspiradoras que podamos ver.

Amma no está limitada a su cuerpo físico. Conoce nuestro modo de pensar estemos donde estemos. Cuando hacemos cosas buenas con actitud desinteresada, su gracia sin duda fluye hasta nosotros independientemente del lugar del mundo en que nos encontremos. El servicio desinteresado es, ciertamente, la forma más profunda de devoción y de meditación en movimiento.

Cuando realizamos acciones nobles, nuestras vidas quedan bendecidas, las vea Amma físicamente o no. No hace falta que hagamos *seva* cerca de Ella para experimentar su gracia. De la misma manera que las virutas de hierro son atraídas por un imán, el plan cósmico es que la gracia nos encuentre cuando hacemos buenas acciones.

Lo que nos da alegría es el altruismo, no buscar cosas para nosotros. Todo el mundo sabe que las mayores alegrías de la vida son gratis: ver una puesta de sol, ayudar a alguien que lo necesita, ver la cara de un niño cuando sonríe, recibir una mirada de Amma o hacer servicio desinteresado. Estas cosas sencillas aportan verdadero gozo a nuestra vida.

Si solo nos dedicamos a satisfacer nuestros deseos, siempre habrá más deseos que vendrán a reemplazarlos. Los deseos son interminables. Pero si intentamos disolver nuestros deseos de satisfacción personal en el mar de la *seva*, encontraremos más paz mental de la que hay en ningún otro lugar.

Somos muy afortunados de experimentar el bello entorno que Amma crea para nosotros dondequiera que vaya. Hay muchísimas personas a su alrededor sirviendo a otros sin esperar ninguna recompensa. Nunca vais a encontrar ningún otro lugar en el mundo lleno de una paz tan profunda, donde tantas personas diferentes estén viviendo juntas, como en presencia de Amma.

Todo es un gran éxito en la organización de Amma porque la gracia y la abnegación forman los cimientos de la creación y el crecimiento de todo lo que está relacionado con la organización. El áshram de Amma en la India es especialmente poderoso porque el lugar de nacimiento de un santo tiene una energía sumamente potente y purificadora.

Hace décadas, cuando empezábamos a construir el áshram, no teníamos carretillas ni ningún tipo de máquina, pero aun así nos las arreglamos para construir el templo y otros edificios. La campana sonaba durante el día no para llamarnos a clases sobre las escrituras sino para llamarnos a la seva.

Movíamos arena lanzándonos cuencos metálicos con forma de platillos llenos, uno a otro, que pasaban de persona en persona a lo largo de una fila. Cargábamos piedras y ladrillos sobre la cabeza de un lugar a otro. Amma siempre estaba allí, trabajando a nuestro lado, inspirándonos y animándonos a seguir.

Todo el mundo estaba muy contento haciendo este trabajo de construcción, aunque teníamos las manos ásperas y ardientes y la piel empezaba a pelarse por el cemento. De vez en cuando hasta se convertía en una competición para ver quién tenía las manos más estropeadas. La piel volvió a salirnos lentamente, pero nuestro espíritu se elevó rápidamente.

Ahora tengo las manos muy suaves. Es triste. Muy pocas personas tuvieron la gran suerte en ese momento de poder hacer tanta seva manual intensa con Amma. Aquellos días fueron preciosos. Pero todavía hoy Amma a veces crea oportunidades como estas para que todos sirvan juntos. El trabajo intenso es muy bueno para nosotros. Es importante mantener el cuerpo, la mente y los pensamientos en forma trabajando duro por una buena causa.

Siempre estamos realizando alguna acción, aunque solo estemos pensando. Nuestros pensamientos están constantemente corriendo en círculos, preocupándose por una u otra cosa: qué es lo siguiente que tenemos que hacer, qué está diciendo alguien sobre nosotros, cómo nos vamos a ganar la vida, etc. La mente está siempre dando vueltas, creando uno u otro problema.

Los grandes maestros espirituales de la India siempre nos han enseñado que, para canalizar la mente en una dirección positiva, hay que hacer un esfuerzo por controlarla con prácticas espirituales. Si mantenemos la actitud de que toda nuestra energía, cada pensamiento, palabra y acción es una ofrenda a lo Divino, nuestra mente empezará a limpiarse y purificarse.

Hay que utilizar la energía y las bendiciones que nos han sido dadas en la vida y transformarlas en regalos para compartir con la humanidad.

Capítulo 14

Compasión desbordante

*«La mejor manera de encontrarse a uno mismo
es perdiéndose en el servicio a los demás».*

Mahatma Gandhi

Cuando vemos todo lo que Amma le da al mundo, debemos examinar nuestras acciones y preguntarnos: «¿En qué medida estoy devolviendo realmente todo lo que he recibido?» Podemos haber recibido muchos darshans a lo largo de los años, pero, ¿cuánto hemos cambiado de verdad? ¿Podemos decir que hemos absorbido verdaderamente el amor de Amma y se lo hemos transmitido a los demás?

¿Hemos asimilado profundamente las enseñanzas de Amma? ¿Podemos decir sinceramente que hemos hecho el esfuerzo de utilizar lo que Amma ha trabajado tan duro para darnos? Probablemente no; pero Amma nunca juzga a nadie. Todo el tiempo se nos da absolutamente al máximo a todos sin pedir nunca nada a cambio.

Amma sabe que recibiremos de vuelta las consecuencias kármicas exactas que merezcamos, dependiendo de cómo hayamos vivido, y por eso es por lo que constantemente nos anima a avanzar y a elevarnos. Está trabajando con cada uno de nosotros en un plan a largo plazo y, aunque no seamos dignos de nada de lo que Ella concede desinteresadamente, eso no Le impide darnos continuamente mucho más de lo que posiblemente nunca podamos comprender.

Amma sigue dando, y dando, y dando sin importar donde esté o a quien le da. No lo puede evitar. Sencillamente, su naturaleza consiste en desbordarse de compasión. Debemos pensar en cómo se manifiesta *nuestra* naturaleza. Recibimos tanto y aún pedimos más. ¿Cuánto devolvemos o compartimos con los demás realmente?

No podemos quedarnos todo el amor de Amma para nosotros. El amor no es algo que podamos acumular pensando: «El amor que recibo de Amma solo es para mí». Cuando vivimos en el recuerdo del amor, nos encontramos en un lugar muy solitario.

Solo cuando compartas tu amor con los demás, la esencia de tu corazón florecerá y crecerá. Entonces el amor se convertirá en una fuerza viviente que se desbordará y difundirá una fragancia exquisita por el mundo.

Una vez, cuando Amma terminó de dar el darshan, me dijo:

—Durante el darshan he empezado a perder la conciencia tres veces.

La gente no se da cuenta. Cada uno está enfrascado pensando qué puede *conseguir* de Amma. Nunca piensan lo duro que es seguir así día tras día para el cuerpo de Amma.

Al final de ese darshan público concreto, Amma entró en la autocaravana y fuimos en ella a casas de devotos para hacer pujas en sus hogares. Eran las dos de la tarde y Amma acababa de terminar de dar darshan después de toda la noche y todo el día. Había iniciado el programa a las siete de la tarde anterior y había terminado diecisiete horas después. Todos pensábamos lo mismo: «¿Cómo es posible que Amma pueda hacer esto?»

Inmediatamente después de terminar el darshan y entrar en el vehículo estaba descansada y lista para salir de nuevo y dar algunos abrazos más. Varios devotos La habían invitado a su casa, pidiéndole que hiciera pujas para ellos. Se negó a descansar antes de las visitas a las casas. Le dije:

—Amma, ¡ni siquiera has ido al baño!

Respondió:

—¡Oh, no importa!

…Y todo eso no era *aún* suficiente para Amma. Quería dar más.

No podemos comprender el elevado estado en el que vive una mahatma como Amma. Sigue dando y dando; pero, por mucho que dé, siempre sigue llena hasta el borde. De hecho, Amma parece resplandecer aún con más brillo al final del darshan que al principio. Aunque su sari pueda estar manchado con el maquillaje y las lágrimas de las personas que ha abrazado y pueda estar un poco despeinada, se va poniendo absolutamente incandescente a medida que el darshan se acerca a su final. Una simple mirada a la cara de Amma muestra cuánto gozo recibe por el amor que da.

En el día del darshan de diecisiete horas, después de las visitas a las casas, subimos al coche y alguien le dio con mucho entusiasmo a Amma un regalo por la ventana. Era un bote de prasad que ellos mismos habían preparado. Ahí estaba yo sentada con este gran recipiente de prasad en mi regazo, sin saber dónde ponerlo con todas las otras bolsas que tenía a mis pies.

Cuando abrí la tapa, Amma vio lo que había dentro: cacahuetes, cacahuetes cocidos. Estaban muy aceitosos y mezclados con coco. Era un recipiente grande y dentro había una cuchara. Amma quería compartir algo con la gente que estaba fuera del coche y aprovechó la ocasión, diciendo:

—¡Oh, puedo dar prasad!

No le bastaba dar darshan durante diecisiete horas, no le bastaba ir después de visita a varias casas. Amma solo estaría contenta después de repartir además prasad a todo el mundo.

Yo tenía la cuchara preparada, pero, en lugar de usarla, metió la mano directamente en el cuenco y dio los cacahuetes por la ventana. Los cacahuetes salieron disparados en todas las direcciones, y no eran pequeños cacahuetes secos. Eran cacahuetes grasientos, empapados de aceite de coco, y el coco estaba llegando a todas partes. Mientras miraba alrededor del coche, pensaba: «Oh, Dios mío. ¿Qué van a pensar que ha pasado cuando lleguemos y alguien tenga que limpiar el coche?»

Los cacahuetes volaban y Amma los estaba repartiendo a todo el mundo por la ventana del coche mientras nos marchábamos. No podía controlarse. Su único pensamiento era seguir dando.

Mientras empezábamos a avanzar por la carretera, la gente salía de sus casas y corría detrás de nosotros. Para entonces, yo pensaba: «Basta, Amma. Ya es suficiente. Ya le has dado bastante a esta gente. No hace falta que sigas dándoles a todos los que corren por la carretera». Pero Amma quería hacerlo, por lo que siguió dando más y más prasad por la ventana. Puñados de cacahuetes salían por la ventana del coche y todo el mundo estaba encantado.

Amma estaba radiante de alegría, y yo estaba allí sentada diciendo:

—¡Amma, hay cacahuetes por todas partes!

Los había encima de Amma, encima de mí y por todo el coche. Debió de dar unos sesenta puñados de cacahuetes por la ventana.

Por fin cerramos las ventanas y nos encontramos allí sentadas, cubiertas de pies a cabeza de cacahuetes y ralladura de coco. Amma dijo:

—Sí, están muy aceitosos

Entonces, decidió que todos nosotros también teníamos que recibir prasad, así que tomó otro puñado y nos dio a Swámiji, al conductor y a mí.

Ahora ya no había cacahuetes solo en la parte de atrás, sino también en la parte delantera del coche. Allí estábamos todos, felizmente sentados en ese pequeño sembrado de cacahuetes, que realmente estaban esparcidos por todas partes.

Amma estaba gozosamente feliz de haber dado y dado hasta que casi se hubo terminado el último cacahuete. Después de tanto dar, brillaba todavía más. En ese momento, era obvio lo innegablemente sobrehumano que es el comportamiento de Amma. Mientras nosotros nos mantenemos completamente limitados en toda nuestra humanidad, Amma ha salido disparada más allá de la fuerza de la gravedad.

Cuando nos olvidamos de nuestras propias necesidades, el universo con todo su poder cósmico fluye dentro de nosotros para recargarnos. Nunca nadie ha encarnado esta verdad mejor que Amma.

Cuando terminan los programas de darshan, lo único que quiero es irme a la habitación, cerrar la puerta, beber algo y tumbarme por fin a descansar un poco; pero Amma no. Ella tarda horas y horas en relajarse. Lee las cartas de los devotos, trabaja preparando su próximo sátsang (memorizándolo para que pueda traducirse a diferentes idiomas), llama por teléfono para dar consejos y se asegura de que todo el mundo (hasta los perros) haya comido; todo eso antes de tomar su única comida del día. Esa es Su vida.

Debemos reflexionar sobre el ejemplo de Amma y pensar profundamente. El servicio realizado con la actitud correcta verdaderamente tiene el poder de purificarnos. Amma nos lo asegura. ¿Estamos sacando el mejor provecho de nuestra preciosa vida? Somos muy afortunados de tener la oportunidad de hacer seva y servir a los demás.

¿Estamos utilizando adecuadamente las joyas que la vida nos ha proporcionado? Tenemos una enorme deuda de agradecimiento con todo el universo, y algún día habrá que pagarla. ¿Por qué no empezar ahora?

Hay una devota de setenta años que trabaja muchas horas haciendo seva en la panadería, pero está muy contenta de servir. Dice que ahora le han salido músculos. Revuelve las enormes cubas en una dirección y después en la otra hora tras hora, y está en mejor forma y más fuerte que nunca antes debido a todo el trabajo que hace.

Un día le oí a Amma decir: «Preferiría postrarme ante una persona mundana que ante un buscador espiritual perezoso». Alguien que está en el mundo trabajando intensa y honradamente, con una buena actitud, es en realidad mucho más espiritual que una persona perezosa que se pone ceniza sagrada en la frente para mostrar lo espiritual que es.

Ni siquiera hay que creer en Dios si se trabaja duro sirviendo a los demás. Hay muchos ateos que tienen empleos con vocación de servicio y están ayudando a otras personas, sirviendo al mundo con una bella actitud. Esa dedicación inicia un proceso de purificación en su vida, lo sepan o no.

Por muchos mantras que recitemos o muchas horas que nos sentemos en la postura del loto meditando, los pensamientos de la mente pueden seguir dando vueltas alrededor de «yo, lo mío, lo que yo quiero y necesito...» Hay que adquirir una actitud con mentalidad de servicio para sacarnos de la órbita de nuestro egoísmo.

Amma no nos va a obligar. El deseo de cambiar tiene que venir de dentro. Ella comprende la verdadera naturaleza de las personas y del mundo y no espera nada de nadie ni de nada fuera de Ella misma. Eso no significa que carezca de sentimientos por nosotros. Al contrario: Amma nos quiere más profundamente de lo que nunca podamos imaginar.

Capítulo 15

El amor indestructible

«¿Sabes por qué es difícil ser feliz? Porque nos negamos a soltar las cosas que nos ponen tristes».

Lupytha Hermin

El amor y el servicio son las formas más elevadas de *sádhana* (prácticas espirituales) a las que podemos aspirar; sin embargo, solo pueden lograrse, en su sentido más pleno, por medio de la práctica del desapego.

Sabemos que debemos amar a las personas y utilizar los objetos mundanos. En lugar de eso, tenemos la tendencia a amar los objetos materiales con todo nuestro corazón, aferrándonos a ellos, y a utilizar a las personas en nuestro propio beneficio, y nos deshacemos de ellas cuando ya no nos sirven.

Lo que le permite a Amma amarnos tan profunda e incondicionalmente es el sentido tan refinado del desapego que tiene. Desapego no significa permanecer distante e indiferente. Cuando tenemos verdadero desapego, en nuestro interior brota una plenitud total. Surge porque entendemos la verdadera naturaleza de las personas y de las cosas que nos vamos encontrando. Sabemos que no pueden darnos una felicidad eterna.

Todos los días Amma nos da el ejemplo perfecto de cómo vivir en el mundo canalizando las emociones adecuadas para cada situación. Ella vuelca Su corazón en cada interacción, recibiendo a una persona tras otra, compartiendo profundamente Su corazón con la alegría, el dolor y las penas de ellos. Pero, al mismo tiempo, Amma no se apega ni se altera nunca por nada ni por nadie.

Ella acepta y perdona el estado voluble de nuestra mente. Lo único que siente Amma por todos los que acuden a Ella es empatía; pero, a pesar de ello, nadie puede bajarla de su existencia tranquila y centrada.

La mayoría de nosotros nos quedamos atrapados en algún momento u otro en el hábito de ver las cosas negativamente; pero Amma nunca cae en la trampa de atascarse en ninguna clase de negatividad. Al contrario que nosotros, permanece desapegada y simplemente deja que las emociones pasen a través de Ella.

De vez en cuando todos vivimos en un mundo de fantasía creado por nosotros mismos. Nos forjamos imágenes de cómo nos gustarían que fueran las cosas, llenando nuestras fantasías con todas nuestras esperanzas y sueños; pero el resultado final de los acontecimientos suele estar muy lejos de lo que hayamos imaginado.

Amma conoce la verdad suprema: entiende que las personas y las cosas a las que nos aferramos nunca podrán satisfacer nuestros sueños; por el contrario, muy probablemente solo contribuirán a nuestras pesadillas. Si podemos adquirir aunque solo sea un poco de desapego, nos proporcionará paz y satisfacción y nos librará de innecesarios desengaños en este siempre cambiante mundo.

Un hombre acudió a Amma para recibir darshan y le pidió una esposa. Su deseo se cumplió rápidamente y en poco tiempo estaba casado. Poco después volvió a Amma y le dijo, algo abochornado:

—Amma, mmm... he cambiado de idea. ¿Te la puedo devolver?

Esa es la naturaleza de nuestras vacilantes mentes. Solo cuando descubramos la relación interna con nuestro Ser satisfaremos realmente nuestras necesidades y deseos, encontrando la plenitud.

Durante nuestro viaje por la vida vamos a conocer a miles de personas y a sentir toda clase de emociones respecto a ellos. Pero, en lugar de adquirir un cierto nivel de desapego interior por la gente, constantemente alimentamos los sentimientos de gusto y aversión, permitiendo a menudo que esas emociones nos dominen completamente. De ese modo, nos volvemos esclavos de nuestras percepciones sensoriales.

Hace algún tiempo, al final del programa de bhajans, mientras Amma estaba sentada en el escenario durante el árati, algunos bebés gatearon hasta Ella y Amma los tomó en su regazo. Después del árati, Amma se fue a otra habitación. Disponía de unos minutos mientras esperaba a que los encargados del sonido prepararan todo para que pudiera grabar más bhajans. En los pocos minutos que Amma tenía para Sí misma, me pidió que Le llevara a los bebés.

Salí y miré alrededor, pero no pude encontrar a ningún bebé por ningún lado. Había otras personas que me miraban con anhelo, pero eran demasiado mayores. Los bebés debían de haberse acostado pronto, de modo que tuve que volver y decirle a Amma que no había podido encontrar a ningún bebé.

A Amma le encantan los niños. Juega con ellos y les da amor. Les refleja su completa inocencia, pero permanece desapegada interiormente. Una vez le pregunté a Amma como podía querer tanto a los niños. Dijo:

—Sí, Amma adora a los niños. Le encanta escuchar el arrullo de sus vocecitas…

Nos miramos con una sonrisa. Terminé su frase, bromeando:

— ¡Pero al cabo de unos minutos está dispuesta a devolvérselos a sus padres porque se ponen a llorar!

Mientras vivimos en medio de las tentaciones, necesitamos entender la verdadera naturaleza de los objetos mundanos y los límites de nuestras relaciones mundanas. El amor puro no disminuye por el desapego. El verdadero desapego solo nos da un amor más fuerte y más profundo. Sin esta comprensión, el sufrimiento es inevitable.

Dondequiera que vayamos en el mundo, debemos entender su naturaleza cambiante, sin prestar demasiada atención a las interminables ondas de pensamientos y emociones que pasan por nosotros. Amma siempre nos está recordando que no podemos obtener una felicidad permanente en este mundo transitorio, siempre cambiante. En última instancia, estamos obligados a ir hacia nuestro interior si queremos encontrar la fuente de la felicidad verdadera, perdurable.

Una vez hubo una gran sabia judía que tenía dos hijos. Una fatídica tarde, ambos hijos contrajeron una terrible enfermedad y murieron casi inmediatamente, antes de que pudiera pedirse ninguna ayuda.

Los dos niños murieron en un día sagrado y, según la ley judía, a los judíos se les manda mostrarse felices y agradecidos en ese día. De alguna manera se las arregló para dejar su dolor a un lado y, con verdadera fuerza, obligó a su mente a permanecer alegre, llena de fe y de amor durante todo ese día.

Cuando su marido llegó a casa y le preguntó donde estaban los niños, no quería disgustarlo. Le dijo con aire despreocupado que habían salido.

A la puesta del sol, cuando el día sagrado había terminado, le planteó un dilema a su marido: le dijo que hacía muchos años un hombre se le había acercado y le había encomendado cuidar de dos joyas muy valiosas, y que hacía poco había vuelto para solicitar la devolución de su propiedad. ¿Qué debía hacer?

Su marido le contestó que lo que se le había confiado no le había pertenecido nunca y lo debía devolver. Ella estuvo de acuerdo y le dijo entonces que Dios había venido para llevarse a sus dos hijos.

Al oír que sus queridos hijos habían muerto, el marido lloró; pero su sabia mujer le consoló diciéndole:

—Mi querido marido, ¿no has dicho tú mismo hace un momento que el dueño tiene derecho a reclamar su propiedad? Dios nos los dio y Dios se los ha llevado. Bendito sea el nombre de Dios.

En esta historia la sabia nos da un impresionante ejemplo de desapego; pero no malinterpretéis el mensaje. Amma no está diciendo que tengamos que estar contentos cuando pasan cosas terribles en nuestras vidas. Simplemente nos está enseñando a recordar la naturaleza efímera de este mundo: todas las cosas y todas las personas de la creación acaban volviendo a su fuente. Todo le pertenece únicamente a Dios.

Amma nos recuerda reiteradamente que venimos a este mundo sin nada y nos vamos exactamente de la misma manera, sin nada. No hay ninguna persona, ningún objeto o ninguna posesión que verdaderamente nos pertenezca.

Solo cuando este conocimiento se ha consolidado en nuestro corazón, nuestros apegos y negatividades empiezan a disiparse de forma natural y definitiva. Solamente Dios nos acompaña a lo largo de todo el viaje. Y Ella nos está abrazando durante todo el camino.

Si nos obligamos a desapegarnos demasiado rápidamente, antes del momento adecuado, forzándonos a adoptar determinadas emociones o actitudes sin una comprensión correcta, no llegaremos adonde queremos ir. En lugar de eso, acabaremos sufriendo miserablemente. Si insistimos en intentar obligarnos a abandonar nuestros apegos, sin disolverlos con una actitud madura, probablemente volverán rápidamente acompañados por sus ruidosos amigos: la envidia y la insatisfacción.

Muchas veces, en Ámritapuri, las personas llegan para quedarse «para siempre» y quieren lanzarse de cabeza a las formas más intensas de sádhana y de *tapas* (prácticas ascéticas). Anhelan convertirse en ascetas modernos. Le ruegan a Amma que machaque sus egos. Después, cuando las cosas no van exactamente como su ego piensa que deberían ir, son muy rápidos para salir corriendo gritando y quejándose de todo. ¡Qué fácil es olvidarse de que todo es la voluntad Divina!

Cuando profundizamos en nuestra comprensión y realmente sabemos lo que queremos en la vida, por qué lo queremos y cómo podemos alcanzar esa meta, todas las cosas que hay en nuestro interior que se interponen en el camino se desvanecen espontáneamente por sí solas cuando es el momento adecuado.

El principal ingrediente mágico que nos lleva a donde queremos ir es la gracia. Obtener la gracia de Amma es muy fácil; pero el proceso de convertirnos en receptores aptos de esa gracia puede ser muy difícil. Para conservar la gracia que Amma derrama constantemente sobre nosotros hace falta un esfuerzo sincero, arraigado en el discernimiento.

A menudo, la gente se siente conmovida y profundamente emocionada por la presencia de Amma; pero, ¿hacen siquiera el esfuerzo de venir al siguiente programa? A veces es demasiado esfuerzo viajar incluso distancias cortas, aunque Amma viaja a lo largo de todo el mundo para vernos. Hay muchas personas que no están dispuestas a hacer el menor esfuerzo en su vida por las cosas más importantes, pero mueven montañas por simples bagatelas. Esperamos que la gracia llegue hasta nosotros sin ningún esfuerzo; pero eso sucede muy pocas veces.

Recuerdo que conocí a una mujer china de Malasia que se sentía enormemente conmovida e inspirada por el darshan de Amma. Su corazón rebosaba de emoción. Cuando se estaba marchando para volver a casa, hablé con ella y le propuse que viniera también al siguiente programa.

—Después de todo, solo está a tres horas de distancia —señalé.

—No —respondió—, es demasiado lejos.

Queremos recibir nuestro derecho de nacimiento a beber de la fuente de sabiduría que yace en nuestro interior, pero nos negamos a hacer el menor esfuerzo. Si seguimos por ese camino, la meta seguirá estando muy cerca y, sin embargo, muy lejos de nuestro alcance.

Hay una fórmula mágica para ayudarnos a lograr el éxito: gracia más esfuerzo combinados con comprensión correcta. Eso nos llevará al éxito. Cuando pongamos todo nuestro esfuerzo mientras mantenemos una actitud inocente en el corazón, la gracia de Amma fluirá espontánea y naturalmente hacia nosotros.

Solo cuando hayamos aprendido a servir desinteresadamente, sin apego, sin juzgar y sin esperar nada a cambio, seremos guiados hacia el amor verdadero.

Capítulo 16

La facultad de discernimiento

«Es mejor caminar solo que con una multitud que va en la dirección equivocada».

Diane Grant

Debemos esforzarnos por conectar con los demás *sin* que los sentimientos y las emociones nos ofusquen y se apoderen de nosotros. Ser capaces de levantar el velo de las influencias emocionales nos ayuda a ver con mayor claridad la manera correcta de avanzar y nos permite realizar la acción adecuada en el momento adecuado con la actitud apropiada.

Realizar buen karma por razones dhármicas nos permite superar nuestras *vásanas* (tendencias latentes). Es la base sobre la que se apoya la *viveka-buddhi* (el intelecto discernidor). El intelecto discernidor es lo que nos impulsa a realizar buenas acciones; pero este intelecto discernidor solo funciona cuando realizamos buenas acciones. Ambos van unidos.

Cuando utilizamos el discernimiento nos estamos preguntando: «¿Es esta realmente la verdad de mi acción? ¿Está mi acción coloreada por mis juicios, por mis gustos y aversiones, o estoy haciendo lo correcto? ¿Llevo el rumbo adecuado hacia algo bueno o me alejo de ello?»

Discernir significa mirar las cosas desde el centro sin dejarse llevar hacia ninguno de los lados por nuestros gustos, aversiones y otros juicios emocionales. Hay que utilizar la cualidad intrínseca del discernimiento en todas nuestras acciones; pero eso es muy poco frecuente en el hiperactivo mundo actual. Como dijo una vez Voltaire, el filósofo francés: «El sentido común no es nada común. De hecho, es de lo menos frecuente».

Un día, en plena gira por el Norte de la India, necesitaba urgentemente unos zapatos, así que fui a una zapatería y alguien insistió en que me comprara un par nuevo bastante caro, cosa que, por lo general, nunca me permito. Costaban mil doscientas rupias, lo que me parecía una fortuna por un par de zapatos. La persona con la que estaba insistía en que los necesitaba, diciendo:

—Serán buenos para ti y buenos para tus pies. Estos zapatos te durarán años.

En realidad no quería pagar tanto, pero acabé aceptando, haciendo caso omiso de la callada vocecita del discernimiento interior.

Justo al día siguiente fuimos con Amma para hacer noche en la casa de un devoto, y dejé los zapatos nuevos en la caravana para que no se perdieran. Se puso a llover, y al brahmachari encargado del programa le pareció que nos haría un gran favor sacándonos los zapatos de la caravana y dejándolos al lado de la puerta principal. De esa manera, nos los podíamos poner cuando saliéramos de la casa y no tendríamos que caminar descalzos por el barro y los charcos.

Desgraciadamente, cuando Amma salió de la casa lo hizo por la puerta lateral en lugar de por la principal. Yo la seguí rápidamente y nos metimos deprisa en el vehículo.

Más tarde, cuando paramos al lado de la carretera para tomar un chai y cenar con todos, pregunté en voz alta dónde podían estar mis zapatos nuevos. El brahmachari que los había movido apareció en plena búsqueda y reconoció que había sacado del vehículo mis maravillosos zapatos nuevos y los había puesto al lado de la puerta principal de la casa de la que nos acabábamos de marchar. Simplemente, había olvidado contarme lo que había hecho.

De modo que así terminaron mis carísimos zapatos, y no los había tenido ni veinticuatro horas. En ese momento, me di cuenta de que debería haber escuchado mi discernimiento y haber elegido algo menos caro, sabiendo que los zapatos pueden no durar mucho en una gira por la India.

Hay que utilizar los valores espirituales que hemos adquirido en la vida para que nos ayuden a tomar buenas decisiones. El discernimiento brota del intelecto, el corazón y la voz de la experiencia. Es la intuición interior, esa minúscula chispita de la Divinidad en nuestro interior que nos susurra: «Esto es lo que hay que hacer». El discernimiento es una suave voz que se encuentra dentro de todos y que siempre nos impulsa hacia el bien. Si guardas silencio, quizá la escuches.

Se dice que la capacidad de discernimiento es la única diferencia entre los animales y nosotros. Aparte de eso, nuestras acciones son las mismas. Tanto los animales como los seres humanos nos alimentamos y defecamos. Ambos amamos a nuestras crías y las defendemos a cualquier precio. No hay tantas diferencias entre las personas y los animales como tendemos a pensar.

Los animales simplemente siguen sus instintos naturales; pero, aun así, no son en absoluto tan egoístas como a menudo podemos serlo nosotros. De hecho, los instintos naturales de los animales son muchas veces más puros y mucho más desarrollados que los nuestros. ¡Todos sabemos lo que es «perro» (*dog*) deletreado al revés (*god*, «Dios») en inglés!

Tomemos como ejemplo algunos perros callejeros que deambulaban por el áshram hace unos años: esos cachorros abandonados se abrieron camino directamente hasta el corazón de Amma y han vivido en su habitación desde entonces. La verdad es que los perros son mucho más disciplinados que la mayoría de las personas. Van al árchana todas las mañanas y a las clases sobre las Escrituras. Por la tardes asisten fielmente a los bhajans. Tumbhan, el macho, siempre se sienta en el pítham al lado de Amma, mientras Bhakti, la hembra, ocupa el lugar más humilde de todos, al pie del pítham, debajo de Amma. Bhakti sabe la forma correcta de como se comporta un aspirante espiritual. Siempre espera a que Amma se siente primero antes de arrastrarse delicadamente debajo del asiento de Amma.

Recuerdo hace unos años, una vez que Amma estaba cruzando el río para el programa de su cumpleaños. Bhakti estaba allí para despedirse de Amma por la mañana. ¿Y quién estaba esperándola pacientemente justo en el mismo lugar más de veinticuatro horas después? Bhakti. Bhakti fue la que esperó humildemente para recibir a Amma de vuelta a casa.

Aunque se supone que tenemos discernimiento y se dice que los animales no, solo las personas llevan consigo la pesada carga del egoísmo y del ego.

Las Escrituras nos dicen que evolucionamos de plantas a animales, de animales a seres humanos y, finalmente, de seres humanos a Dios. Algún día todos quedaremos absorbidos en la Conciencia Divina y llegaremos a entender quiénes somos de verdad. Pero si no usamos la facultad del discernimiento, nunca nos elevaremos hasta ese estado supremo.

Amma dice que en los años de la adolescencia es cuando todas nuestras tendencias animales empiezan a hervir en nuestro interior. Los experimentos científicos actuales también lo están demostrando. Ahora, los científicos nos están enseñando que los adolescentes no tienen capacidad de discernir porque a esa edad el lóbulo frontal del cerebro, donde reside la capacidad de razonar, no está completamente desarrollado. Eso explica por qué los niños y los adolescentes tienden a tomar decisiones sin pensar en las consecuencias de sus actos.

Hace algunos años, durante un retiro en Seattle, un hombre estaba realizando diligentemente su seva sirviendo el chai durante una comida. Unos niños pequeños se le acercaron y le pidieron chai. Le pareció que eran demasiado pequeños para estar tomando chai, así que les dijo que no podía dárselo y se negó a servirles. A ellos no les gustó nada la respuesta, así que, con las manos en jarras, empezaron a exigírselo:

—¡Queremos chai! ¡Queremos chai!

—No —les contestó—, ¡no podéis tomarlo!

Un niño pequeño rodeó la mesa hasta donde él estaba. El hombre se inclinó para hablar con él; pero antes que pudiera saber qué le había pasado, el niño estiró los brazos, agarró su redecilla (todos los que sirven comida tienen que llevar redecillas para el pelo) y tiró de ella dejándosela justo sobre la cara.

Mientras el hombre luchaba por liberarse de la redecilla, los otros niños agarraron algunos vasos de chai y salieron corriendo. ¡El asombrado hombre se dio cuenta de que le había atracado una banda de ladrones de chai, todos de menos de ocho años!

En los adultos la facultad de discernimiento debería ser más fuerte, ya que nuestro cerebro está completamente desarrollado; pero tenemos que ejercitar esta facultad y ser conscientes de que todas las acciones que elegimos tienen consecuencias. Cuando somos mayores y más maduros y hemos aprendido de las experiencias de la vida, deberíamos ser capaces de utilizar más el discernimiento. Al usarlo, el discernimiento se hace más fuerte.

Una de las devotas adolescentes de Amma me contó que, cuando fue a la universidad, afrontó algunos problemas inesperados y difíciles. Nunca en su vida había bebido alcohol o tomado drogas; entonces, de repente, descubrió que la rodeaban por todas partes. A veces, hasta los profesores le ofrecían bebidas, y hubo momentos en que había habitaciones enteras llenas de estudiantes drogados.

Se sintió muy tentada de probar esas substancias prohibidas, pero se contuvo porque recordaba las enseñanzas de Amma. Todos los días, cuando entonaba los ciento ocho nombres de Amma, recitaba el mantra: «Saludamos a Amma, que desaprueba enérgicamente las malas cualidades como robar, dañar a los demás o consumir estupefacientes». Los nombres de Amma le dieron fuerza, pero su batalla interior por evitar la tentación se hizo más y más difícil. Finalmente, decidió hablar de ello con Amma.

Amma le dijo que lo que la había impedido cometer un peligroso error había sido su uso adecuado del discernimiento. Amma siguió diciéndole:

—Las drogas y el alcohol son como el fuego. Sabes mantener tu mano fuera de él porque eres demasiado inteligente para dejar que las llamas te quemen.

Solo con permanecer en compañía de Amma se nos infunden muchas cualidades buenas que de otra manera quizá no tuviéramos. Es casi como una especie de ósmosis espiritual. La compañía de una santa siempre crea un ambiente propicio para crecer espiritualmente. Mostrándonos su manera de relacionarse con todos en tantas situaciones diferentes, Amma nos enseña a ser reflexivos y a utilizar nuestro discernimiento.

Hay que escuchar la voz del discernimiento que susurra suavemente en nuestro interior. Siempre está esperando que recurramos a ella, pero demasiado a menudo la ignoramos. Es triste que, aunque estemos dotados de discernimiento, apenas lo usemos. Esa es la principal razón por la que sufrimos tanto.

Debemos colocar nuestro discernimiento en vanguardia y tomar decisiones desde un nivel deliberado de conciencia, recordando que cada acción que realicemos siempre tendrá consecuencias. Nuestras decisiones tienen la capacidad de acercarnos más a Dios o de alejarnos de Él.

Elimina los obstáculos que bloquean tu camino utilizando el discernimiento en todas las situaciones. Esta capacidad está realmente dentro de nosotros. Intenta tener la actitud de un niño inocente que escucha a su madre. Debemos intentarlo. Amma perdona cualquier error que cometamos. No tengas miedo. Si tus equivocaciones te hacen caer, tan solo aterrizarás en el regazo de la Madre Divina; no hay otro lugar donde caer.

Cuando hayamos aprendido el arte del discernimiento, siempre estaremos sonriendo interiormente, sin importarnos las explosiones y las erupciones caóticas que puedan estar amenazándonos en el exterior.

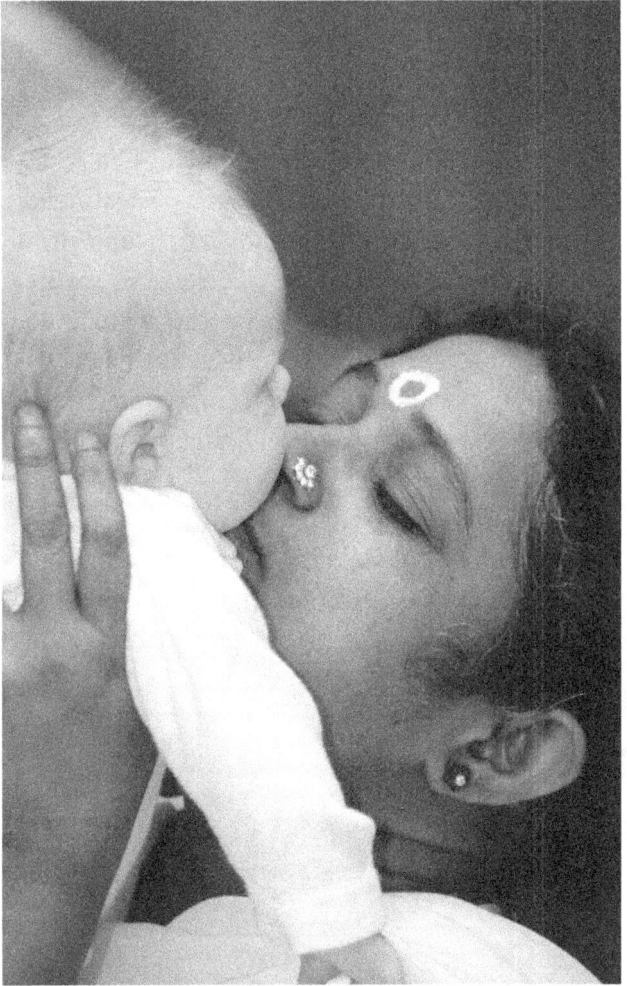

Capítulo 17

Aprender a elegir

—¿Qué día es hoy? —preguntó Pooh.
—Hoy —chilló Piglet.
—Mi día favorito —dijo Pooh.

A.A. Milne

Es dificilísimo liberarse de la «pegajosidad» de la mente; nos atrapa todo el tiempo. La mente humana es enormemente compleja, inagotable y, desgraciadamente para nosotros, estamos pegados a ella... realmente pegados.

A pesar de nuestras esperanzas y deseos más sinceros, la mente nunca se va a tranquilizar y hacer amiga nuestra, porque está programada para buscar el placer... aunque en lugar de placer solo encuentra sufrimiento. Mientras no alcancemos el estado de conocimiento de Dios, la mente siempre se apartará de la verdad e intentará arrastrarnos con ella.

Se dice que la meta del ser humano es encontrar la verdadera felicidad; pero nuestra mente quiere buscarla en todos los lugares equivocados. Es muy fácil engañarse. Después de todo, gran parte de lo que creemos que somos procede de la ingobernable y vagabunda mente.

Por eso las tradiciones espirituales nos proporcionan tantos métodos diferentes para ayudarnos a dar un paso atrás y convertirnos en testigos de la corriente incesante de pensamientos que fluye por nosotros. Esas técnicas nos ayudan a detener la mente y a liberarnos de los pensamientos y las emociones pegajosas que quieren unirnos a todas las cosas malas.

Lo cierto es que tú no eres la mente; no eres el cuerpo; no eres las emociones. Eres el Ser puro que siempre está observando silenciosamente; pero maya cubre obstinadamente ese Ser con un remolino de miles de pensamientos.

Esta mentalidad llena de apegos es la que nos ha causado tanto sufrimiento. Estamos completamente identificados con nuestro cuerpo y nuestras emociones. Por eso nos resulta tan difícil hasta imaginar que nuestra verdadera naturaleza es el siempre libre *Atman* (la Conciencia Suprema).

Decimos que queremos progresar espiritualmente, pero, si solo cumplimos nuestros deberes sin abrir el corazón, no seremos capaces de avanzar. Sabemos qué es lo que es correcto en la mayoría de las situaciones, aunque no siempre lo hagamos; pero debemos esforzarnos por hacer lo que es correcto, aunque no nos apetezca. Eso nos llevará más allá de nuestras limitaciones.

Un día estábamos en un avión, en un breve vuelo de Mauricio a Isla Reunión. Yo estaba sentada al lado de Amma cuando, de repente, me tomó de la mano y se puso a observarla atentamente.

Estaba a punto de decirme lo que veía; estaba al borde de revelarme los secretos de todas mis vidas pasadas, cuando alguien se me acercó por el pasillo, me tocó en el hombro y susurró:

—¿Puedo hacerle una pregunta a Amma?

Mis hombros se hundieron un poco, y dudé por un momento. Quiero decir: ¿con qué frecuencia tiene uno la oportunidad de que Amma le lea su pasado y su futuro? Pero, ¿qué otra cosa podía hacer?

Sonreí de mala gana y respondí:

—Sí .

Ese momento con Amma se había terminado. Nunca volvió a producirse.

A veces puede ser difícil, pero intentad no escuchar demasiado a la mente. Siempre va a intentar alejarte de hacer lo correcto. La mente nos va a embaucar justificando todo con su lógica perversa. Nos dirá cosas como: «El chocolate sale del cacao, que es un árbol. Por tanto, es una planta. Luego el chocolate es una ensalada».

Solo avanzaremos yendo voluntariamente más allá del mínimo exigido. Si realmente queremos crecer espiritualmente, es imprescindible cultivar el discernimiento y aprender a diferenciar lo eterno de lo no eterno.

Debemos entender qué opciones nos llevarán a una felicidad y una dicha perdurables y cuáles nos darán tan solo momentos temporales de alegría temporal y, al final, sufrimiento. Usar el discernimiento significa elegir acercarse más a Dios en cada una de las decisiones que adoptemos.

Un chico que estaba de visita en el áshram de Ámritapuri supo que Amma estaba dando darshan en privado a los residentes del áshram y no estaba disponible para dar darshan a las personas que estaban de visita. Se marchó del áshram y se fue una semana a la playa de Várkala, lamentándose de que no tendría la ocasión de ver a Amma.

Mientras estaba fuera, Amma llamó a su habitación a todos los occidentales que estaban de visita y les permitió sentarse allí con Ella durante más de una hora. Todo el mundo estaba contentísimo, todos menos ese chico. Cuando regresó de sus vacaciones en la playa, se sintió profundamente decepcionado al oír lo que se había perdido. Así es como funciona: si no estamos alerta y nos desviamos del camino seguro que perdemos valiosas oportunidades.

Sufrimos tantos desengaños en la vida porque no utilizamos adecuadamente el discernimiento.

Somos la causa de nuestro propio sufrimiento. Cuando utilizamos el discernimiento nos damos cuenta de que todas las situaciones se presentan por una buena razón. El dolor nos llega por nuestras propias acciones pasadas; pero eso puede ser difícil de entender porque las consecuencias kármicas pueden estar latentes durante varias vidas antes de manifestarse.

Todo lo que nos pasa se debe a las acciones que hemos realizado en el pasado. Sus resultados siempre se tienen que experimentar. Nada de lo que sucede es casual. La causa y el efecto siempre entran en juego.

La actitud correcta es la de la aceptación. Es la única manera inteligente de vivir. La aceptación y el discernimiento son lo mismo. Solo si tenemos un corazón puro y abierto seremos capaces de acomodarnos y adaptarnos a todas las situaciones diferentes de la vida.

En lugar de aferrarnos a esta comprensión, la mayor parte de las veces luchamos contra nuestras circunstancias y echamos la culpa, juzgamos y nos enojamos con todos y con todo lo que nos rodea. No utilizamos correctamente la facultad del discernimiento. Por el contrario, lo tergiversamos todo para que le vaya bien a nuestro ego.

Cuando nos quedamos en nuestro sufrimiento agarrados a las experiencias dolorosas en lugar de dejarlas ir, es porque no hemos analizado las cosas bien. La psicología occidental a menudo nos insta a volver a vivirlo todo, examinando nuestro dolor una y otra vez; la filosofía hindú nos enseña simplemente a soltarlo.

No estamos viendo el mundo desde el punto de vista correcto, con la percepción adecuada. Si lo hiciéramos, nada podría herirnos. El discernimiento nos ayuda a entender la verdad: todas las circunstancias de la vida son solo enseñanzas que están esperando para revelarse. Si usáramos adecuadamente el discernimiento nunca sentiríamos nada negativo contra las personas y las situaciones que nos encontremos.

Eso no significa que tengamos que aceptar cualquier clase de comportamientos. Hay un momento en que hay que reaccionar y decir ¡no! cuando algo está mal. Por ejemplo, en los casos de maltrato doméstico y otras situaciones de violencia. Hay un momento en el que debemos levantarnos cuando está sucediendo algo injusto y esforzarnos por detenerlo; pero, incluso al levantarse en defensa de lo que es correcto, hay que mantener un cierto nivel de desapego y discernimiento en la mente, ya que a nadie le gusta que le digan que está equivocado.

Nunca olvidaré el impacto de una noticia que leí en una ocasión sobre un hombre que, estando inconsciente, se cayó a las vías del tren. Una cámara de seguridad recogió la secuencia de otro hombre que también saltó a las vías. Parecía que fuera a ayudar al hombre que se había caído para salvarle la vida. Lo terrible fue que la cámara grabó al segundo hombre rebuscando en los bolsillos de la víctima, robándole sus objetos valiosos y después saliendo corriendo. Dejó al hombre inerme tirado en las vías, donde inevitablemente lo atropellaría un tren.

Ese suceso es absolutamente espantoso; pero, desgraciadamente, representa con exactitud el lamentable estado del mundo actual. En lugar de intentar ayudarnos unos a otros a levantarnos, nos estamos empujando hacia abajo y pisando a los demás para ascender, robándoles de paso.

Estamos hechos a imagen de Dios, pero constantemente olvidamos lo especiales que somos. Amma encarna a la Divinidad que está intrínsecamente dentro de cada uno de nosotros. Ella personifica el conocimiento de que la Divinidad está en todos los lugares y actúa desde esa comprensión, con toda la sabiduría del universo fluyendo intuitivamente hacia Ella en todas las situaciones.

Amma utiliza perfectamente su discernimiento y va más allá de todas las tendencias negativas. Ve a Dios en todo, en cada partícula de la creación. Ese es el estado más elevado al que podemos aspirar: ver las manos de Dios en todas partes. Cuando tengamos esa visión, entenderemos el porqué de todo lo que sucede en este universo. Desde este conocimiento surge espontáneamente en nuestro interior una compasión profunda por el sufrimiento de todos los seres.

Amma ha tocado verdaderamente la mayor altura que el potencial humano puede alcanzar... pero nosotros no. Generalmente nadie lo consigue porque no lo intentamos con suficiente intensidad. Amma engloba todo lo que se supone que nosotros tenemos que ser; y ha ido incluso mucho más allá de eso. Los demás nos limitamos a la mediocridad.

Mirar a Amma es entender por qué tenemos este nacimiento humano y lo noble que puede ser. Ver realmente a Amma es darse cuenta que la Divinidad vive de verdad dentro de cada uno de nosotros y está a nuestro alcance.

Un día un joven le preguntó a Amma

—¿Cuál es el camino más rápido para la iluminación?

Amma le contestó:

—Aspirar a la iluminación es como cuando tienes hambre y estás cansado en medio del bosque, y un león te está persiguiendo. En ese momento no te importan ni el hambre ni el cansancio. Tienes toda la energía del mundo para huir del león. Esa es la actitud necesaria para alcanzar la meta.

Imagínate que estás a punto de ser ahorcado y alguien te ofrece un millón de dólares. No te importará en absoluto porque estás intentando librarte del lazo del verdugo. En ese momento no te importa ninguna posesión material. Solo quieres escapar de la muerte. Tu actitud es lo principal.

Mientras vivimos en el mundo, necesitamos entender la verdadera naturaleza de los objetos mundanos y las limitaciones de nuestras relaciones mundanas. Sin esta comprensión, el sufrimiento es inevitable. Amma siempre nos recuerda que no podemos obtener ninguna felicidad permanente de los fenómenos siempre cambiantes de este mundo transitorio.

La facultad discernidora nos enseña a volvernos hacia el interior y comprender nuestra verdadera naturaleza, que trasciende completamente las siempre fluctuantes olas de la mente. Solo cuando entendemos quién somos nosotros podemos entender quiénes son todos los demás. A partir de esta comprensión es como finalmente aprendemos qué significa convertirse en un ser humano completo. En definitiva, si queremos realmente encontrar la fuente de felicidad eterna, estamos obligados a ir hacia el interior.

Amma conoce su verdadero Ser y, por eso, ha encontrado la mayor dicha que se puede alcanzar. Ha ido más allá de la mente fluctuante y ha apaciguado los inquietos pensamientos en la tranquilidad del discernimiento puro. Está entregada al cien por cien y vive con un cien por cien de fe en lo Divino.

Nuestra mente, por el contrario, está atascada, agitada con pensamientos desbordantes y dudas constantes, que estarán con nosotros hasta que experimentemos la comprensión total. Afortunadamente, también tenemos el don del discernimiento. Este puede salvarnos, si lo utilizamos.

Capítulo 18

De la conciencia a la fe

«En realidad, no hay un mensaje nuevo que dar sobre la espiritualidad. "Todo es Dios, no hay nada más que Dios". Este es el único mensaje. Este es el único mensaje de las Úpanishads, los Vedas, la Bhágavad Guita y los Puranas. Cuando decimos que hay ciento ocho úpanishads, debemos entender que en realidad son ciento ocho maneras diferentes de expresar el mismo mensaje».

Amma, Guru Púrnima 2012

Si podemos aprender a utilizar la mente de manera correcta canalizando toda nuestra energía —nuestros pensamientos, ideas y sueños— en una dirección positiva mediante las prácticas espirituales, la vida se vuelve mucho más fácil para nosotros. Nadie está prometiendo que la vida se encontrará de repente completamente exenta de problemas, pero puede llenarse de experiencias increíblemente gozosas.

En el áshram vive un brahmachari que nunca viaja a ningún lugar y es demasiado tímido para hablar directamente con Amma. En lugar de eso, habla con la foto de Amma y de esa manera le cuenta todos sus problemas. Cuando fue a recibir su darshan privado en la habitación de Amma, no preguntó absolutamente nada, pero Amma por propia voluntad respondió sus preguntas interiores una a una, en el orden exacto en que se las había planteado a la foto.

Estaba atónito. Al final Ella le preguntó:

—¿Cómo sé todas estas cosas?

Él respondió:

—Amma, porque Tú eres Devi.

—No —replicó Ella dulcemente—. Es porque hablaste conmigo en la foto.

Amma nos oye realmente, estemos donde estemos en el mundo. Ella misma es la prueba de que el poder del amor llega mucho más lejos que los velos del tiempo y el espacio.

Con demasiada frecuencia nos quedamos atrapados en lo que consideramos nuestras limitaciones, lo que nos impide alcanzar nuestro potencial más elevado. La mente está siempre llena de dudas, pero el calor del amor verdadero derrite todas las dudas y le permite a nuestro corazón encontrar la paz.

Cuando llegamos a Madurái, durante la gira del Sur de la India de 2015, Amma fue directamente al auditorio para servirle a todo el mundo una comida. Era Póngal, el festival de Año Nuevo de Tamil Nadu, que es la festividad más importante para los tamiles. Amma dio de comer a todos los devotos y cantó bhajans con todos. Cuando estábamos terminando la comida, preguntó si alguien quería contar un chiste.

Una mujer tomó el micrófono y estaba a punto de hablar cuando Amma la miró y se puso a reír y reír. La mujer estaba profundamente emocionada y se echó a llorar.

Entre lágrimas, contó una historia: el día anterior, su marido le había pedido que hiciera *páyasam* (arroz con leche) para Amma, diciéndole que Ella se lo podía pedir. La mujer no le hizo caso a su marido; estaba demasiado ocupada con la seva, organizando el transporte para que los devotos pudieran ir al programa al día siguiente.

Pensó para sí misma: «Amma no querrá que yo le haga páyasam. Tiene muchos devotos más ricos e influyentes que yo. Yo no soy nadie especial. ¿Por qué iba a molestarse en pedírmelo a mi?»

Cuando Amma entró en el auditorio, inmediatamente se volvió hacia esa mujer y le preguntó:

—¿Dónde está mi páyasam?

La mujer seguía llorando mientras le contaba todo esto a Amma, repitiendo de nuevo que ella pensaba que era muy poco importante.

Amma la miró con una dulzura indescriptible y le contestó:

—Para Amma no hay nadie insignificante. Amma quiere a todo el mundo, sea quien sea. A Amma no le importa si alguien está en una posición influyente o si tan solo es un ama de casa. Para Ella todo el mundo es especial.

Amma dijo que, en el momento en el que la mujer había pensado hacerle el páyasam, Ella ya lo había recibido.

Intentar conectarse con el nivel de pensamiento de Amma es mucho más bonito que perderse en la maya de nuestra mente

constantemente cambiante. Tenemos que lle-
nar la mente de atención consciente y vivir en
el momento presente, en lugar de nublar la
mente con todas las cosas que indudablemente
no somos.

La mente está constantemente pensando
algo, viviendo en todas partes —excepto el
momento presente— y sintiéndose como en casa
en cualquier emoción por la que esté pasando. Y
ninguna de esas emociones es digna de la joya
tan valiosa que somos en realidad. Nos decimos:
«Oh, es que yo soy así » Y entonces descubrimos
que estamos atascados en una depresión durante
un largo tiempo, totalmente engañados por el
fantasma de nuestras emociones.

Esas pequeñas voces que oímos continuamente en la mente no tienen ninguna substan-
cia. Cambian casi cada segundo: «Odio a esta
persona; tengo envidia de aquella persona; soy
un fracasado…» La mente nos alimenta repetí-
damente con versiones absurdas de la realidad,
y nosotros las aceptamos una y otra vez como
niños indefensos.

La atención consciente es nuestra gran aliada
en la batalla contra la mente. Nos ayuda a darnos

cuenta de que no somos todos esos diferentes pensamientos que fluyen a través de nosotros.

A veces, cuando luchamos conscientemente contra estos pensamientos, se vuelven aún más fuertes. Realmente, no es posible intentar forzar conscientemente a nuestros pensamientos y deseos para que se detengan, y muchas veces el intento termina en ansiedad o depresión. Debemos tratar de dominar la mente con la aceptación y el desapego, manteniendo al mismo tiempo la conciencia de nuestra verdadera naturaleza.

Amma es nuestra piedra filosofal. Cuando dirigimos nuestros pensamientos hacia Ella, descubrimos que nuestros impulsos oscuros se convierten en luz. Ella Se ofrece como un vehículo para transmutar nuestras negatividades en pensamientos dichosos relacionados con Ella.

Cuando pensamos en Amma, nuestra mente se canaliza en una dirección constructiva, lo que interrumpe los dañinos caminos por los que suele correr. Ella nos tranquiliza y nos reorienta hacia lo Divino. De esa manera, estamos reprogramando activamente nuestra mente en una dirección positiva hacia la alegría.

Un año, en el programa de Japón, un hombre mayor iba a trompicones detrás de Amma mientras Ella salía del auditorio. Por la manera en la que se comportaba parecía que fuera un alcohólico o que tuviera algún problema de salud. Les gritaba insultantemente a las personas japonesas que se agrupaban a su alrededor, aunque todas estaban siendo muy amables y respetuosas con él.

Cuando llegó cerca de Amma, sus insultos se acabaron de golpe y se deshacía de dulzura. Al segundo día de programa llegó por la mañana temprano para la meditación y entró en el auditorio sonriendo y riéndose, convertido en un hombre muy agradable. Amma es la encarnación del propio amor, que calma la bestia salvaje que todos llevamos dentro.

Es difícil mantener la mente llena de emociones buenas como la compasión, la empatía y el amor; pero las prácticas espirituales como recitar mantras, meditar, la ayuda y el servicio desinteresado nos ayudan a mantenernos ocupados con cosas buenas de las que podemos disfrutar. Cuando ayudamos a los demás, indudablemente

nos beneficiamos y en el proceso aumentamos nuestra disciplina.

Cuando sentimos que el corazón se abre y va hacia otra persona, abraza a un niño o enjuga las lágrimas de una persona necesitada, experimentamos la verdad del amor desinteresado. El amor es la fuente de lo que realmente somos. Así es como vive Amma y como quiere que nosotros también seamos.

Hay una conmovedora historia sobre uno de los devotos más sinceros de Amma. Él pasa gran parte de su tiempo como voluntario en la cocina del áshram, aunque es un hombre muy pobre.

Cuando se acordó la fecha de la boda de su hija, era un hombre muy feliz; pero, a medida que la fecha se acercaba, su felicidad se convertía en aprensión. No tenía suficiente dinero para realizar la ceremonia de la boda.

Todas las invitaciones estaban impresas, pero la falta de recursos hizo que solo se invitara a un número muy pequeño de personas. Decidió ir al darshan de Amma y darle la primerísima invitación, esperando que también sentiría alivio del estrés y la presión por la que estaba pasando.

El hombre tomó su número, esperó en la cola durante horas y finalmente llegó a los brazos tendidos de Amma. Abrumado de alegría y aflicción, le dio la invitación a Amma; pero había tanta gente alrededor de Ella que lo empujaron a un lado en la muchedumbre y no recibió su darshan. Le fue imposible volver a la cola, porque ya había entregado su número. El hombre estaba completamente abatido porque no había podido contarle sus problemas a Amma.

La preocupación lo invadió. ¿Cómo iba a conseguir el dinero necesario para poder organizar la boda? Se fue a la cantina y se sentó allí derramando lágrimas. Un amigo de este padre con el corazón roto vio lo alterado que estaba y se le acercó para consolarlo. Mientras hablaban, un devoto de Singapur se sentó con ellos.

Después de oír la historia, el hombre de Singapur sacó un sobre del bolsillo y se lo dio al padre, diciendo:

—Toma esto y no te preocupes.

Después se levantó y se fue.

El hombre abrió lentamente el paquete y vio que contenía cincuenta mil rupias. Estaba atónito. Pensó que de ninguna manera podía aceptar el regalo y corrió detrás del devoto que se lo había dado. Cuando lo alcanzó, se lo agradeció pero le dijo que no podía aceptar una cantidad tan grande de dinero. Insistió en que Amma se ocuparía de todas sus necesidades e intentó devolver el sobre.

El devoto le respondió tranquilamente:

—Debes considerar el dinero como un regalo de Amma. No voy a aceptar que me lo devuelvas. Es para los gastos de la boda de tu hija.

Amma no está limitada a su cuerpo físico. Actúa por medio de todos nosotros y siempre está con nosotros, sin importar si recordamos y podemos sentir esta verdad o no. ¡Que maravillosos son los medios por los que derrama su gracia sobre nosotros, muchas veces en los momentos y lugares en los que menos lo esperamos! Su gracia es suficiente para ayudarnos a vivir en paz y satisfechos, incluso en medio de todos los problemas que surgen.

Una niña me preguntó:

—¿Cuál es la clave más importante para la felicidad?

—Es muy sencillo —respondí—: olvídate de ti misma. Piensa en los demás.

211

Cuando hayamos arrancado las negatividades que crecen en nuestro interior, hallaremos la liberación.

Solo hallaremos la liberación y la dicha suprema si nuestra vida se basa en principios espirituales correctos; pero necesitamos una estrella polar que nos guíe. Amma Se ofrece desinteresadamente al mundo como nuestra estrella polar. Mediante Su guía, algún día conoceremos y experimentaremos más allá de toda duda la verdad de que Yo Soy el Ser; Soy la conciencia pura, Soy la dicha. De hecho, esa es la verdadera naturaleza de todas las cosas.